BERNARD LEMARIÉ

FRANÇAIS, RÉAGISSEZ !
RÉFLEXIONS D'UN CITOYEN ORDINAIRE

Édition : Books on Demand, 12/14 rond-point des Champs-Élysées, 75008 Paris, France.

Imprimé par Books on Demand GmbH, Norderstedt, Allemagne

ISBN : 978-2-8106-2192-7

Dépôt légal : Août 2011

À mes petits-enfants.

Chapitre 1

RÉVEILLEZ-VOUS !

En lisant *Indignez-vous !*, vous avez avalé un véritable somnifère ! Vingt pages, c'est vite lu, et je gage que nombre des lecteurs de ce manifeste commis par Stéphane Hessel, en décembre 2010, se sont endormis paisiblement, sitôt refermée la dernière page, jugeant que cet opuscule n'empêcherait pas la Terre de tourner. En revanche, si d'autres ont pu croire que ce pamphlet allait changer la face du monde, c'est qu'ils ont confondu truisme et profondeur d'analyse... À tous, je veux dire : « Secouez-vous ! » À la suite du philosophe Alain Touraine, posez-vous ces seules questions : qui arrêtera cette folle machine, entraînée par un implacable engrenage financier, qui détruit nos sociétés occidentales ? Et qui incitera nos contemporains à « se révolter » pour sauver la démocratie ? En tant que « citoyen ordinaire », je n'ai pas cette prétention. Mon propos est, plus modestement, d'apporter ma contribution à ce qui me paraît être une nécessaire et urgente réflexion collective. Je le ferai de manière simple, peut-être même en employant des arguments qui vous paraîtront quelque peu approximatifs, mais ce faisant, je n'ai qu'un seul but : exprimer publiquement ces étonnements et ces inquiétudes que nous sommes nombreux à ressentir – mais que nous préférons le plus souvent taire – devant la farce tragi-comique qui se joue quotidiennement sous nos yeux.

Reprenez vos esprits. Désintoxiquez vos neurones de ces pensées anesthésiantes dont les médias vous ont abreuvés jusqu'à l'overdose : oubliez votre poste de télévision pendant une semaine ; allez chez votre marchand de journaux ou surfez sur Internet en quête de documents, d'analyses ou de commentaires susceptibles de vous alerter sur « tout ce qui cloche ». Et posez-vous des questions élémentaires.

Est-il possible que des dictateurs continuent à faire la guerre à leur peuple, à l'exploiter et même à l'assassiner tout en étant couverts par l'article II – §7[1] de la Déclaration universelle des droits de l'homme de l'ONU, qui interdit aux pays dits civilisés de perturber les despotes ? Est-il normal d'instituer l'obligation d'une prime de 1 000 € au profit d'un nombre très limité de salariés, au prétexte que certaines catégories de sociétés décideraient d'augmenter le montant des dividendes distribués à leurs actionnaires ?

Est-il juste qu'un footballeur européen gagne 400 000 € par mois[2] et que les dirigeants des pays pauvres d'Afrique, d'Amérique du Sud ou d'Asie octroient des millions d'hectares de terres à des fonds de pension ou à d'autres investisseurs privés opportunistes ? Comment faire semblant d'ignorer que ces tractations ont pour effet de réduire à une misère extrême les populations les plus démunies de la planète ? Des hommes et des femmes qui, jusque-là, tentaient de survivre avec leurs faibles moyens en travaillant leurs champs ou en se consacrant à l'élevage sur le territoire de leurs ancêtres ! Mais cela, c'était avant… Avant la funeste découverte d'une pratique honteuse qui vise à faire de l'argent sur le dos de ceux qui sont les plus pauvres d'entre les pauvres[3].

…Le microcrédit a été lancé dans les pays en développement d'Asie et d'Afrique pour soutenir les initiatives locales des acteurs économiques les plus fragiles : des hommes – et bien souvent aussi des femmes – exclus du système bancaire traditionnel du fait même de leur pauvreté, qui exercent de « petits métiers » et se battent pour créer leur entreprise ou améliorer leur employabilité. Ils ne visent jamais, ce faisant, qu'à gagner deux dollars par jour au lieu d'un seul ! Pour les bénéficiaires de ces miniprêts, cet enjeu est pourtant crucial, car il s'agit ni plus ni moins de la survie de leur famille ! Comparons

Chapitre 1

le revenu d'une de ces personnes (une tisserande bangladeshie ou un paysan malien, par exemple) à celui d'un salarié français lambda qui reçoit environ 90 euros par jour (pour bien moins d'heures de présence !), soit 130 dollars. Ce salaire de base représente 65 fois plus que le pitoyable revenu du travailleur tiers-mondiste... Bien sûr, il est hors de question d'établir un quelconque rapprochement avec la rémunération moyenne d'un footballeur professionnel français de Ligue 1, car en l'occurrence le multiplicateur avoisinerait les 3 000 ! Mieux vaut d'ailleurs ne pas chercher à élargir davantage le cercle de nos investigations, sinon les chiffres nous donneraient vite le tournis : il suffit de penser à la famille Ben Ali, ou encore à un certain Carlos Slim, détenteur en 2010 du titre très convoité d'« homme le plus riche du monde », selon le classement annuel du magazine Forbes. Cet ingénieur de formation, d'origine libanaise et de nationalité mexicaine, pèserait plus de 70 milliards de dollars. La première fortune mondiale serait donc mexicaine ? Eh bien, oui ! Le Mexique serait-il un pays riche ? À en croire le FMI, il occuperait la 14e place (selon le critère du PIB courant); bien loin derrière le premier du peloton, les États-Unis ! Et si l'on raisonne en termes de PIB par habitant, c'est même à la 66e place qu'il régresse ! Pourquoi les banques se sont-elles lancées dans le microcrédit ? Parce que l'argent ainsi investi peut espérer fructifier à 40 % contre 4 % pour les taux actuels accordés aux Français moyens. Il est vrai que prêter 50 € à une Bangladeshie pour lui permettre de s'acheter une machine à coudre constitue, pour une banque, une opération à haut risque ! Un risque « d'autant plus élevé » qu'en général, l'expérience le prouve, ces femmes remboursent largement leur dette, qui plus est majorée des intérêts et des frais de dossier. De leur côté, les autorités indiennes ont décidé de limiter le taux d'intérêt annuel à 26 %... seulement ! Reste à vérifier si d'autres frais cachés ne viennent pas aggraver ces abus. À l'inadmissible, on oppose le scandaleux !

... Le couple Ceausescu a été froidement exécuté lors de l'insurrection roumaine de 1989. Le « géant des Carpates » et son épouse Elena, reconnus coupables de génocide au terme d'un procès expéditif, ont été fusillés le 25 décembre dans l'enceinte de la base militaire de Târgovişte. Pendant plus de vingt ans, le satrape avait imposé à son peuple un régime de terreur et d'outrances : enfin une justice prompte et équitable ! Pourquoi se réjouir d'une telle exécution ? Parce qu'il était de notoriété publique, depuis des décennies, que le « conducator » était un criminel avéré ; or, si la logique délirante de l'ONU avait prévalu, c'est à un Tribunal pénal international (TPI) qu'aurait été dévolue la mission de juger le président déchu et son épouse. Que se serait-il alors passé ? Première hypothèse : rien ! Deuxième hypothèse : une organisation complexe aurait été péniblement mise en place pour que, au bout d'un nombre conséquent d'années, celle-ci soit enfin en mesure de conduire un simulacre de procès ; procès dont le prix de revient aurait été, n'en doutons pas, pharaonique. Sans oublier que les criminels concernés (soixante et onze ans pour lui et soixante-treize ans pour elle, l'année de l'effondrement du régime) auraient alors tellement vieilli qu'ils seraient probablement décédés bien avant la fin de la procédure. À défaut, gageons qu'ils n'auraient été condamnés qu'à quelques années de prison ! Depuis l'exécution des Ceausescu, une autre disparition historique, bien plus récente, est intervenue : celle d'Oussama Ben Laden. Cette fois encore, comment ne pas s'être réjoui en apprenant, de la bouche de Barack Obama, que « justice [était] faite » ! Devançant les critiques de ceux qui n'allaient pas manquer, par la suite, de déplorer l'absence d'un procès, le jeune président, prix Nobel de la paix, a eu le courage d'affirmer qu'il trouvait normal d'avoir mis un terme aux actes d'un terroriste universellement recherché.

… Malgré la chute du clan Ben Ali, les Tunisiens continuent de fuir leur pays, de payer des fortunes à des passeurs pour échouer – s'ils ont la chance de ne pas périr au cours de la traversée – sur les plages de Lampedusa. Là commence pour eux un nouveau calvaire, au sein même de cet eldorado qu'est l'espace Schengen : ainsi, le 8 mai 2011, l'AFP a annoncé qu'un bateau ayant à son bord quelque 800 clandestins était arrivé sur cette île de l'archipel des Pélages ; et qu'un autre, supposé se rendre à Malte, avait été dérouté vers elle par les garde-côtes. Valait-il mieux, pour ces malheureux candidats à l'exil, périr en

Chapitre 1

mer ou plonger vivant dans un cauchemar éveillé ? La question ainsi crûment posée peut choquer, mais le raisonnement, poussé à l'extrême, conduit à de curieuses pensées. On peut, par exemple, estimer qu'il est sûrement plus compliqué d'empêcher les barques pourries des truands de s'éloigner du rivage tunisien, plutôt que de recruter, en Italie et en France, une cohorte de préposés chargés de perpétuer le calvaire des « sans-papiers » ; on peut encore poursuivre la réflexion en se disant qu'il est tout aussi préférable d'engager, au sein des institutions européennes, des kyrielles de fonctionnaires affectés au renforcement de ces « dispositifs d'accueil », quitte à culpabiliser les États membres qui n'apprécieraient pas de se voir confier le rôle d'exécuteur de ces traitements scandaleux ; et, toujours dans le même esprit, on peut affirmer qu'il serait certainement opportun d'étoffer les rangs des fonctionnaires français chargés d'imaginer la meilleure façon de détourner les directives européennes ; et ainsi de suite, au-delà de l'absurde !

… Que penser de la Libye ? Soit Mouammar Kadhafi est un dictateur criminel – comme Zine el-Abidine Ben Ali en Tunisie, Hosni Moubarak en Egypte, et bien d'autres qui sévissent dans de nombreux pays du monde – et, à ce titre, il n'a jamais été fréquentable ; soit il est un dirigeant respectable digne d'avoir été reçu, comme il le fut en décembre 2007 par la France, avec tous les honneurs dus à un chef d'État, et même plus, c'est-à-dire en acceptant des caprices aussi grotesques que l'installation d'une tente bédouine au beau milieu du parc de l'Hôtel Marigny. On se rappelle la controverse allumée à cette époque par la visite du sulfureux « Guide libyen », et les justifications avancées par l'Élysée, tenant d'une « realpolitik » largement inspirée par la perspective de fructueux contrats de vente d'armes. Et alors ? Pourquoi lui avoir vendu des armes, puisque nul n'ignorait qu'il n'était qu'un terroriste doublé d'un preneur d'otages ? Pourquoi, dans le même ordre d'idée, certains des membres de notre gouvernement ont-ils accepté les invitations du clan Ben Ali, jusqu'à s'accommoder d'un savant mélange des genres, celui de vacances privées maquillées en visites officielles ? Était-il nécessaire, lors de la chute de Moubarak, ce dictateur dont la fortune familiale dépasserait les

Réveillez-vous !

40 milliards de dollars, que notre Premier ministre en exercice ait pris la peine de souligner « le bon travail » du personnage ? Pourquoi, surtout, l'ONU interdit-elle d'exécuter ces criminels reconnus comme tels par les principaux dirigeants du monde démocratique ? Pourquoi l'OTAN n'autorise-t-elle que des tirs aériens ciblés sur la Libye, ce qui est la stratégie la plus efficace pour s'assurer une guerre durable et couteuse en vies humaines ? Que pèse, dans la comptabilité militaire, le poids des civils tués par erreur, regroupés anonymement au chapitre des dommages collatéraux, face à la certitude de dépenses colossales, engagées sans résultat tangible, mais non sans arrière-pensées ? La Libye ne serait-elle pas, par hasard, un fabuleux terrain d'exercice pour tester – grandeur nature – les armes de guerre que fabriquent les pays occidentaux et ceux qui les concurrencent ? Au fait, combien coûte, chaque jour, une telle guerre ? L'Europe et les États-Unis ne doivent pas connaître de crise pour pouvoir se permettre ces dépenses inutiles ! Selon le directeur de l'Observatoire des pays arabes, interviewé le 21 mars 2011 sur France 2, le nombre de morts imputables à l'OTAN s'élèverait à 300 tous les deux jours. Bien moins que les quelques milliers dont Kadhafi porte la responsabilité ! Toujours à en croire cet expert, atteindre « le colonel » grâce à ces frappes relèverait du « coup de bol » et, dans l'attente de cet heureux hasard, il n'était pas exclu que l'on ait à déplorer quelques « bavures ». Un joli euphémisme pour désigner des massacres perpétrés sous le pavillon de l'ONU ! Force est donc de constater que cette intervention, qui ne devait pas durer, révèle finalement l'incompétence des « forces » de l'ONU. Comme l'affirmait Jacques Attali en avril 2011[4] : « On ne peut espérer gagner cette guerre avec des frappes aériennes ; en toute logique il faudrait envoyer des troupes au sol, mais c'est impossible ! » N'aurait-on pas dû y penser avant ?

… Voilà qu'on nous dévoile le déficit abyssal des États-Unis et que les marchés s'affolent. Selon Boursorama, le déficit américain pourrait se monter à environ 1 500 milliards de dollars en 2013, jusqu'à représenter plus de 90 % de son produit intérieur brut (PIB) ! L'agence Standard & Poors a logiquement annoncé, dans la foulée, une perspective de « déclassement⁵ »de la note de la dette américaine, ce qui aurait pour effet de déstabiliser profondément les équilibres financiers mondiaux. Les fonds spéculatifs pourraient ainsi « se faire la main » sur le pays dit le « plus riche du monde » (étonnante contradiction), après avoir joué contre la dette souveraine de la Grèce et de l'Irlande, puis titillé le Portugal et l'Espagne... Et la France, demanderez-vous ? Le déficit français s'établit à 7 % du PIB pour 2010. La dette publique nationale a même inscrit, à fin 2010, un nouveau record à près de 82 % du PIB6.En 2013, elle pourrait grimper à 88 %. Qu'en conclure ? Selon nos dirigeants actuels, la patrie de Voltaire est une « bonne élève » qui ne risque pas de tomber dans les travers de la Grèce et des pays assimilés. Mais vous, chers lecteurs, voyez-vous une réelle différence entre le score catastrophique de 90 % des États-Unis et celui, « normal », de notre bel Hexagone qui ne lui sera inférieur que de deux points dans quelques mois ? Lorsqu'on connaît la facilité de maquillage de certaines opérations dans les budgets des États et des collectivités, on est obligé de s'interroger : tout cela ne serait-il qu'un énième « nuage de Tchernobyl », économique à défaut d'être nucléaire, mais sans plus de dangerosité pour la France puisqu'acceptant de s'arrêter gentiment à nos frontières ? Il est plus qu'urgent pour nous de nous questionner, d'exiger de nos élus qu'ils nous disent la vérité et de les responsabiliser : nous devons obtenir d'eux qu'ils s'engagent à réclamer les réformes adaptées au niveau mondial ; nous devons également militer pour que notre gouvernement prenne les mesures qui s'imposent en France afin que notre pays ne se laisse pas « piéger » par les dérives internationales.

...En 2008, le monde a connu – selon les médias – une crise sans précédent attribuée principalement à la faillite du système bancaire. Bizarrement, le système spéculatif, jouant sur les monnaies, les matières premières et les bourses en général, n'a pas été remis en question. Qu'ont fait les chefs d'État du G8 et du G20[7] ? Ils se sont contentés de renflouer les banques[8] et se sont interdits d'interdire les spéculations. Ils ont renoncé à prohiber les « produits sophistiqués » créés par les mathématiciens de la finance au service des grands agioteurs internationaux, produits qui sont pourtant, en grande partie, la cause des désordres actuels et les responsables d'une spirale infernale : toujours plus de multimilliardaires, et plus encore de personnes démunies survivant en dessous du seuil de pauvreté morale et financière, l'écart entre les deux extrêmes ne cessant lui aussi de se creuser ! Les traders, dont les interventions s'effectuent au niveau du globe, vont revaloriser, optimiser et tirer avantage de tous les soubresauts de notre planète pour engranger des profits sans précédent... Pendant ce temps, les éleveurs et autres producteurs de céréales pourront, quant à eux, continuer à travailler pour une rémunération toujours plus faible... Il suffirait pourtant d'interdire !... Mais pour interdire, il faudrait qu'il existe une institution mondiale ayant le pouvoir d'imposer des directives « raisonnables » en faveur d'un partage convenable des richesses terrestres. Les États auraient obligation de s'y soumettre, à défaut de quoi ils risqueraient un blocus mondial « très astreignant », sous toutes ses formes.

...On aborde, avec ce sujet, la notion de « justice mondiale » et la nécessité d'une autorité apte à la rendre. Depuis des années déjà, les nations ont fait le choix de fixer, au niveau planétaire, une règle de compétition valable pour tous. Si cette règle existe, en revanche aucune institution et aucun G8 ou G20[9] n'ont mis en place les outils permettant que le « jeu de ces échanges » puisse se dérouler dans des conditions correctes. L'exercice relèverait même de la gageure, s'agissant de « joueurs » – en l'occurrence de nations – aux profils tellement disproportionnés que la plupart d'entre eux sont impuissants à s'engager, avec quelque chance de succès, dans cette concurrence universelle invraisemblable. Imaginez un seul instant que l'on décrète que toutes les équipes de football du monde entier devront, désormais, jouer dans la même division ; imaginez ainsi que Calais, Evry ou Carquefou – des petits clubs certes, mais qui connurent aussi leur moment de gloire en Coupe de France – aient à jouer dorénavant contre Barcelone, Milan, Turin ou Marseille, voire contre des équipes classées trois divisions en dessous d'elles. Impensable, direz-vous ! Eh bien, c'est ce qui se passe au niveau économique mondial. Dès 1993, Jimmy Goldsmith avait

Chapitre 1

pourtant proposé des solutions qui visaient, à l'époque, les relations entre la communauté européenne d'une part, et les pays d'Europe de l'Est d'autre part. Et l'homme d'affaires de souligner que « le libre-échange ne peut fonctionner valablement qu'entre économies relativement homogènes... ». Il préconisait de « rétablir un équilibre tel que notre industrie ne soit pas en situation intenable en raison des différences de conditions de travail existant entre les deux régions ». Il prévoyait ainsi un « tarif stabilisateur » permettant de « créer un équilibre sain dans le commerce entre les deux blocs ; ainsi les sommes perçues par les pays de l'Ouest sur les importations seraient réinvesties à l'Est ». Ces tarifs correcteurs se seraient progressivement réduits en fonction de l'évolution des pays en développement. L'évolution économique pouvait ainsi se réaliser de manière harmonieuse ! Pourquoi cette idée n'a-t-elle pas reçu l'accueil qu'elle méritait ? Et pourquoi n'a-t-on pas cherché à mettre en place un système comparable avec la Chine, l'Inde et d'autres pays émergents ?

Or, que constate-t-on aujourd'hui ? Que les Tribunaux pénaux internationaux et la Cour de La Haye ne sont que des caricatures totalement désuètes, qui ne font que lancer de la poudre aux yeux des citoyens. Peut-on ignorer qu'un TPI, institution à vocation temporaire, n'est souvent mis en place que bien longtemps après que les faits qu'il est censé juger – crimes contre l'humanité et autres génocides – ont été commis. Aucune distinction n'est opérée dans les conséquences qu'ont pu avoir les drames dans lesquels sont impliqués les « présumés coupables » qui sont déférés devant lui : des dizaines de morts d'un côté, des centaines de milliers de l'autre... Un TPI est établi, a priori, dans le pays concerné : première erreur, qui fait d'emblée douter de la neutralité attendue des débats, et peser sur le jugement qui en résultera un lourd soupçon d'iniquité. Le deuxième travers, et non le moindre, est l'indignité desdits jugements au regard de la gravité des faits commis. On peut, tout d'abord, s'étonner que seuls quelques responsables (tirés au sort ?) soient mis en cause dans le cadre des « grands sinistres contemporains » : guerres mondiales, Bosnie, Cambodge, Darfour, Liban, Rwanda, Sierra Leone, etc. On constate ensuite que les verdicts qui sont rendus – trop longtemps après les événements – ne portent généralement que sur quelques années de détention. Les TPI ignorent vraisemblablement la notion de perpétuité, et plus encore celle de peine capitale. Y aurait-il deux poids deux mesures au beau pays de la justice ? On finirait par le croire en apprenant – le fait est récent – qu'en France, un chauffard récidiviste, responsable de la mort de trois personnes (crime, il est vrai, ne pouvant bénéficier d'aucune circonstance atténuante), mériterait la prison à vie, comme l'a reconnu Henri Guaino, conseiller du président. Reste que rien ne nous oblige à imiter les juges américains, qui ne sourcillent pas même en condamnant certains délinquants à plus d'une centaine d'années de prison. L'absurdité de la peine, là aussi, invite au persiflage !

… C'est quoi, la planète Terre ? demanderait un Petit Prince des temps modernes. Et c'est quoi, le droit du sol ? Et le droit aux richesses du sous-sol ? Ce concept est-il encore légitime, à notre époque d'évolution hallucinante de la population ? Quelques chiffres suffisent à brosser un tableau simplifié de la situation : en l'an 1500, on comptait quelque 500 millions d'êtres humains ; trois siècles plus tard, ils étaient environ 1 milliard ; puis 2 milliards en 1930, 6 milliards en l'an 2000, et 7 milliards début 2011. Une croissance exponentielle[10] !

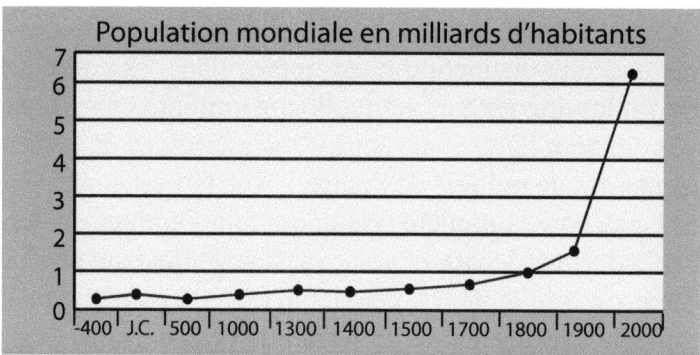

Regardez attentivement cette courbe : des analyses récentes laissent supposer que la population du globe pourrait atteindre le chiffre de 10 milliards d'hommes et de femmes en 2100[11] ! Il serait intéressant

Chapitre 1

de savoir comment des spécialistes peuvent justifier l'hypothèse que la démographie, après avoir « explosé » au cours des 80 dernières années, passant de 1 à 7 milliards d'êtres humains, serait appelée, au fil des prochaines décennies, à ne connaître qu'une croissance « très limitée ». Sur quoi nos experts fondent-ils donc leur « modeste » prévision d'une humanité riche de « seulement » 3 milliards d'individus supplémentaires à l'horizon du futur siècle, soit dans 90 ans ? Avez-vous entendu parler d'une politique organisée de contrôle de la natalité dans les pays asiatiques ou africains ? Moi, pas !

... N'est-il pas utile de s'interroger sur certains principes fondamentaux ? Les chefs d'État des grands pays doivent-ils s'occuper des « détails », comme cela se pratique en France ? Exemples relevés, pêle-mêle, dans le « pense-bête » présidentiel : les salaires des Français, les heures supplémentaires destinées à permettre à nos concitoyens de « gagner plus », la diminution du taux de TVA dans la restauration (3 milliards de cadeaux, pourquoi ?), la lecture de la lettre de Guy Môquet dans les écoles, les problèmes récurrents de sécurité dans les banlieues, sans oublier la suppression de la publicité à la télévision ou encore celle des panneaux annonciateurs de radars fixes ? Tous ces sujets ont, certes, leur importance, mais doivent-ils solliciter l'attention du dirigeant de l'une des grandes puissances du monde ? Notre président n'a-t-il pas mieux à faire ? Par exemple, réfléchir aux écarts abyssaux qui se creusent entre ceux qui gèrent les affaires internationales et les serfs de tous les pays, contraints par les premiers à des exigences de rentabilité insupportables ! On connaît bien le droit du sol en matière de nationalité, mais on laisse de côté la question relative à la propriété légitime des richesses du sol, du sous-sol et même de l'immense espace aérien qui nous environne. Pour le dire simplement, posons-nous une seule question : est-il normal que l'Arabie Saoudite (20 millions d'habitants) détienne 20 % des réserves pétrolières du globe, que l'Iran (24 millions) et l'Irak (72 millions) en possèdent chacun 10 %, ce qui fait un total de 40 % des gisements entre les mains de trois pays qui ne représentent que 1,5 % de la population mondiale ? 1,5 % aujourd'hui, mais moins encore demain si l'on tient compte des

Réveillez-vous !

prévisions de croissance démographique ! Le 2 août 2007, un submersible russe a déposé un drapeau en titane de la Fédération de Russie au vrai pôle Nord géographique, à 4 261 mètres de profondeur, sous la banquise. « Simple » exploit technologique (que l'on peut saluer à juste titre) ou revendication d'un territoire et des éventuelles richesses qui pourraient y être ultérieurement découvertes ? Ce qui est sûr, c'est que la polémique a fait rage à l'époque, cet acte symbolique – à forte connotation patriotique – ayant été très fraichement apprécié par les quatre autres États voisins de l'océan Arctique. À l'autre bout de la planète, l'Arabie Saoudite vise une conquête tout aussi essentielle : celle de l'or bleu ! Plus de 1,4 milliard de personnes sont aujourd'hui privées d'eau potable, et cette ressource vitale que notre mode de vie a mise en péril s'impose d'ores et déjà comme l'enjeu de projets titanesques, aux quatre coins de la planète. Les Saoudiens, pour leur part, envisageraient ni plus ni moins d'acquérir des fleuves d'Amérique du Sud, afin de se prémunir contre une prévisible pénurie…. Les terres arables sont, elles aussi, au cœur de sordides marchandages. En Somalie, un Indien a reçu des milliers d'hectares à exploiter, sous la seule réserve qu'il s'engage moralement (sic) à les faire fructifier ; en Amérique du Sud, une entreprise française a acheté des milliers de fermes pour le compte de fonds de pension dont on connaît les critères de rentabilité[12]. Hervé Kempf, journaliste et écrivain français, dénonce dans *Comment les riches détruisent la planète*[13] une classe dirigeante prédatrice et cupide ne portant aucun projet, aucun idéal, indifférente à la dégradation des conditions de vie d'une majorité d'êtres humains, et dont le seul objectif est d'accroître sa richesse.

N'est-il pas plus que temps de se poser ces questions fondamentales ? Et de s'efforcer de les résoudre ?

… Que dire de la santé mondiale, lorsqu'on sait que les grands laboratoires ont pour unique but la sauvegarde de leurs brevets et la rentabilité de leurs marques ? Pendant ce temps, les pays pauvres n'ont pas les moyens d'acheter, à des prix raisonnables, les médicaments dont leur population manque cruellement. Le résultat : un taux de mortalité

Chapitre 1

dramatiquement élevé en de nombreuses contrées du monde. Quelques chiffres : les maladies infectieuses (sida, paludisme, rougeole…) sont responsables de 17 millions de décès par an, soit un tiers de la mortalité sur notre planète. Elles représentent 43 % des décès dans les pays en voie de développement, contre 1 % dans les pays industrialisés. Là encore, force est de constater l'une des conséquences pathétiques de la dérèglementation de cette planète, conduite et confortée par des organismes tels que le FMI et la Banque Mondiale.

…Les pays se font la guerre entre voisins, les affrontements interethniques provoquent, au sein d'un même État, les massacres les plus horribles, sans qu'une police supranationale puisse faire respecter aux belligérants une vraie charte des droits de l'homme et imposer ne serait-ce que le plus élémentaire « respect de la vie ». On a vu, au fil des dernières décennies, des ONG et maintes associations humanitaires tenter de jouer les « pompiers bénévoles » en allant sur le terrain soigner les blessures, nourrir les corps, offrir un abri précaire aux déracinés et réparer, autant que faire se peut, les désastres matériels résultant de ces conflits tragiques. Des conflits dont l'objectif sous-jacent, bien souvent, n'est que le désir de tel ou tel chef d'État d'étendre son pouvoir et d'accroître ses richesses (merci, pour les beaux exemples qu'ils ont laissés dans l'Histoire, à Napoléon, Hitler et tous leurs homologues !). Si les interventions des ONG, dans de tels contextes, paraissaient justifiées au plan humanitaire, ne constituent-elles pas aussi, à la longue et malgré elles, une forme d'alibi (d'aucuns parleraient de bonne conscience à l'usage des nations en paix) autorisant *de facto* la poursuite des carnages et des ravages en certains « points chauds » de la planète ? Ne pourrions-nous pas nous « contenter », pour satisfaire notre besoin de solidarité, des catastrophes naturelles – ouragans, épidémies, éruptions volcaniques et autres tsunamis –, par définition inéluctables et souvent imprévisibles, qui s'abattent régulièrement sur terre, apportant la mort et la désolation. C'est sur ces champs de ruines – et uniquement là – que la compassion internationale devrait avoir à s'exercer. Unir les forces, les compétences et les moyens de toutes les nations pour secourir les sinistrés et les aider à reconstruire la vie est une noble mission quand la destruction est le fait de la nature. Il est profondément désolant d'avoir à le faire parce qu'on a été assez faible, ou lâche, ou indifférent, pour laisser des hommes en massacrer d'autres !

... La corruption, qui sévit dans divers pays (sinon tous !), autorise tous les trafics, et pas seulement celui de la drogue. Elle tend aussi à « fausser » de nombreux marchés, dans tous les secteurs. Bien entendu, la concentration du pouvoir au niveau planétaire, dans tous les domaines industriels ou de services, et son appropriation par les sociétés les plus riches permettent à une poignée d'entre elles de se partager raisonnablement le marché mondial en imposant leurs tarifs, qui ne connaissent jamais la baisse. Ajoutez à ce tableau la présence de quelques intermédiaires jouant le rôle de spéculateurs internationaux, et vous constaterez que les prix à la consommation ne cessent de croître tandis que les producteurs de ces mêmes marchandises voient leur rémunération fondre comme neige au soleil. Il y a déjà longtemps que les prix de marché ne sont plus le reflet des coûts de production : les membres du G8 et du G20 seraient bien inspirés de réfléchir au problème.

... Illustration par un exemple typiquement français, aisé à comprendre : la progression invraisemblable des grandes surfaces et leur poids sur le marché hexagonal a permis à ces entreprises, en bénéficiant d'un « droit de vente à perte », d'éliminer peu à peu les petits commerçants et les autres sociétés de services qu'elles avaient pris pour cibles. D'aucuns rétorqueront que la loi interdit la vente à perte. C'est oublier qu'à l'époque où le phénomène de la distribution dite « moderne » est apparu (dans les années 60), la notion de vente à perte consistait simplement à ne pas proposer un bien au-dessous de son prix d'achat. Sur la foi de ce critère, les grandes surfaces ont donc pu écouler le carburant à prix coutant, alors que les stations-services indépendantes étaient obligées de répercuter sur le prix de vente à la pompe tous leurs coûts (salaires du personnel et frais généraux). Difficile pour elles, dans ces conditions, de soutenir la concurrence ! Le

Chapitre 1

phénomène s'est rapidement étendu à toutes les familles de produits : de l'alimentaire à la boucherie, en passant par l'électroménager ou la radiotélévision. La conséquence en fut la disparition progressive des « petits commerces » et autres magasins de proximité qui étaient gérés par de vrais professionnels. Aujourd'hui, le marché est détenu, en majeure partie, par quelques enseignes nationales qui imposent leurs conditions commerciales à leurs fournisseurs, à savoir les industriels et les agriculteurs pour lesquels ils sont, du fait de leur position, des clients incontournables. Dans ce schéma, le partage du profit est tout sauf équitable : nous verrons plus loin que les marges de la distribution sont souvent largement supérieures à la simple rémunération des producteurs. Et l'on nous demande de croire que la grande distribution sert l'intérêt du consommateur en travaillant à faire baisser les prix des produits ! Il est vrai que les patrons des grandes surfaces gagnent sans doute moins que les footballeurs professionnels de Ligue 1, mais cela ne suffit pas. La démonstration précédente vaut également, au plan mondial, pour les échanges internationaux : selon que le pays a, ou non, la capacité de défendre les intérêts de son peuple (ou ceux de ses dirigeants et des personnalités fortunées qui les entourent), il lui sera possible, ou non, d'instaurer un système protectionniste opposable *ad libitum* aux États avec lesquels il entretiendra des relations commerciales. C'est ainsi que se créent les oligopoles : une situation qui met en scène une poignée de vendeurs se partageant le marché mondial face à une multitude d'acheteurs ou de consommateurs. Le pétrole, le gaz, l'acier, l'informatique et Internet en sont quelques illustrations. On se souvient qu'il y a quelques mois, Christine Lagarde, alors ministre des Finances, s'était avisée de menacer les pétroliers français qui ne répercuteraient pas la baisse du coût du pétrole sur le prix à la pompe. Effet d'annonce ! Chacun sait que nul ne peut obliger une société privée à réduire ses profits. La menace ne pourrait se concrétiser, tout au plus au plus, que par une amende qui n'aurait d'autre effet que de diminuer de façon infinitésimale les déficits publics. Autant dire, un coup d'épée dans l'eau !

… Parlons un peu de guerre, de canons et de terrorisme… A-t-on jamais entendu un seul syndicat revendiquer la fermeture des usines d'armement ? Pourtant, la principale finalité des produits qui sortent de ces manufactures est bien de tuer, quelle qu'en soit la raison. Et qui sont les acheteurs ? Des chefs d'État ou leurs comparses, avant tout décidés à imposer ou à conforter leur suprématie et, par ricochet, leur pouvoir et leur richesse personnelle. Chacun s'accorde à condamner le terrorisme, et Ben Laden a été sans conteste, durant toutes ses années de cavale, l'ennemi public N°1 du monde civilisé. En engloutissant la dépouille du chef d'Al-Qaïda, la mer d'Oman a-t-elle rendu la paix aux milliers de morts du 11-Septembre ? En tout cas, elle a permis au monde de retrouver son souffle ! Assurément, l'attentat du World Trade Center nous a plongés dans la stupéfaction, et ses victimes ont droit à notre compassion, mais qui s'est soucié, lors de la guerre du Kosovo, des dizaines de milliers de tués et de blessés que l'on a pu déplorer au cœur même de ces territoires que la Force de protection des Nations unies (la Forpronu) avait pour mission de protéger ? On pourrait pareillement évoquer non seulement les massacres du Darfour, mais aussi les souffrances inouïes imposées à des millions de Soudanais du fait de ce conflit. Là encore, les Nations Unies ont brillé par leur passivité. Et aujourd'hui ? Malgré la promesse de Barak Obama, le centre de détention de Guantanamo n'est toujours pas fermé (la date butoir avait été fixée à janvier 2010) et l'on continue d'y torturer les détenus au prétexte de les faire parler, dans l'espoir de réussir à débusquer les « fauteurs de troubles » que les Américains, en dépit de toutes leurs ressources technologiques, sont impuissants à retrouver de manière « civilisée ». Merci, Monsieur le président et prix Nobel de la paix ! Ajoutons que le 9 mai 2011, Dick Cheney, ex-vice-président américain (sous G.W. Bush), annonçait pour sa part qu'il était toujours favorable aux interrogatoires « musclés ». Et l'on s'étonne que la crise morale soit universelle !

Ces quelques faits, brièvement exposés, doivent nous inciter à nous poser une question clé : quel est le véritable rôle des chefs d'État du G20 ? Vingt personnes, ce n'est pas trop pour réfléchir à l'administration d'une planète de 7 milliards d'individus, dont beaucoup souffrent dans leur chair et dans leur cœur. C'est pourquoi on ne peut que sou-

Chapitre 1

haiter l'instauration d'une organisation mondiale digne de ce nom, avec ses lois, sa police et ses tribunaux. Une organisation en mesure de combattre les excès d'un capitalisme sans âme, n'ayant d'autre repère que celui de la rentabilité à tout prix. Qu'est-ce qui fait courir les membres du club très fermé des « Plus grandes fortunes mondiales » et les pousse à une compétition forcenée pour se hisser en tête du classement Forbes ? L'homme de la rue peut-il seulement concevoir ce que signifie posséder 10, 20 ou 70 milliards de dollars ? Imaginez que Bill Gates, dont la fortune a été évaluée à 50 milliards de dollars, a décidé de faire don à la Bill & Melinda Gates Foundation, la fondation humaniste philanthropique qu'il dirige désormais, la coquette somme de 20 milliards sur dix ans, soit 2 milliards par an ! Si l'on admet que ses avoirs augmentent de façon presque « automatique » de 4 milliards chaque année, quelle est donc la valeur du geste du fondateur de Microsoft ? Une simple minoration du taux de progression de sa fortune ! Quant à l'usage que ce généreux mécène pourrait faire, d'ici à la fin de ses jours, de tous les milliards qui lui restent – et on lui souhaite bien évidemment une longue vie –, cela mérite quelques instants de réflexion... Pour revenir à une échelle plus « raisonnable », que penser de notre footballeur de vingt ou trente-cinq ans dont le salaire mensuel est de 400 000 € (près de 600 000 $) ? Certes, il a peut-être joué en Coupe du monde, peut-être même s'y est-il illustré de quelque manière, mais il ne craint pas de donner à tous les Français l'exemple d'une éducation bâclée, piètre modèle pour des jeunes qui ne rêvent que de l'imiter ! N'a-t-on pas envie de crier à l'erreur en comparant sa situation à celle d'une infirmière qui exerce son noble métier pour quelque 2 300 € par mois (en fin de carrière s'entend, c'est-à-dire au bout de 25 ans en moyenne de bons et loyaux services). Une débutante devra dont attendre une quinzaine d'années avant d'espérer toucher un revenu annuel équivalant à un mois de salaire de ce footballeur européen. Comme aucun effet n'existe sans sa cause, ce fossé salarial s'explique aisément, du moins en partie, par un seul mot : la publicité. Les budgets colossaux liés à l'industrie footballistique ont des retombées pernicieuses en engendrant une augmentation du prix des produits (chaussures et maillots par exemple) et des services (droits

Réveillez-vous !

exorbitants de retransmission télévisuelle des matchs, budgets publicitaires pour des lunettes, des parfums, etc. qui exploitent l'image d'un joueur). Pourquoi nos dévouées infirmières n'ont-elles aucun sponsor ? Cela défie le bon sens ! Français, réveillez-vous ! Si le général de Gaulle était encore en vie et aux affaires, gageons qu'il se préoccuperait de ces questions fondamentales et laisserait à son gouvernement le soin de régler les autres problèmes. Il y a là beaucoup à dire, et de nombreuses réformes à entreprendre !

Chapitre 2

SI J'ÉTAIS PRÉSIDENT

Le choix des ministres

Si j'étais président, ma première décision porterait sur le choix des ministres : *a priori* des hommes et des femmes n'appartenant pas à la sphère politique, mais issus de la société civile. De préférence donc des techniciens, dont la compétence et l'intégrité devraient être incontestées et incontestables. Pas question pour eux de se produire régulièrement sur les plateaux de télévision ou de participer à ces nombreuses émissions récréatives proposées par les radios ou tout autre média. Leurs responsabilités ne leur en laisseraient pas le temps. Et bien sûr, plus question pour eux de s'occuper des « chiens écrasés » et de ces petits larcins ou incidents mineurs qui émaillent notre vie quotidienne ! En d'autres termes, ils n'auraient donc pas à charger leurs collaborateurs de missions aussi oiseuses que concevoir de nouvelles lois en urgence, des lois dont le seul effet serait de rendre encore plus confus les textes existants, déjà surabondants et généralement inutiles. Les sondages d'opinion seraient quant à eux « encadrés », de telle sorte que les Français ne soient pas trompés par des informations inexactes ou tendancieuses qui, en se succédant sans interruption, voire en se contredisant les unes les autres, ne tendent qu'à influencer l'opinion. Ce que nos concitoyens attendent de ceux qui sont aux commandes publiques, c'est autre chose. Prenons le triste exemple de la trop célèbre affaire DSK. À peine la nouvelle de l'arrestation de ce haut responsable de la finance internationale a-t-elle été connue, qu'elle a

Si j'étais président.

été répétée jusqu'à l'écœurement par tous les médias, faute semble-t-il d'autre événement plus captivant (plus de crise nucléaire au Japon, de dictateur en perdition dans le bassin méditerranéen, ou quelque autre problème dans le reste du monde ?). Un sondage fut en outre aussitôt lancé par les médias pour savoir si les Français croyaient, en l'occurrence, que le candidat (non déclaré !) à l'élection présidentielle avait été victime d'un coup monté ! Et de publier dans la foulée les résultats, comme si nos compatriotes pouvaient réellement être aptes à donner leur point de vue sur un sujet dont personne ne maîtrisait ni les tenants ni les aboutissants. De l'art de jouer avec le vent !

Si j'étais président, le gouvernement aurait donc pour mission principale d'améliorer le sort de toute la population, dans un esprit d'équité et de bonne gestion des deniers publics. Une tâche suffisamment importante pour occuper nos ministres à temps plus que complet ! Il y a, d'ailleurs, beaucoup de mesures simples que l'on peut prendre en faveur de tous ceux qui sont « oubliés » ou « mis à l'écart » des bienfaits supposés de notre civilisation.

La mondialisation

La mondialisation, qui aurait dû être source de mieux-être pour les populations du « tiers monde » (également appelés, non sans cynisme : « pays en voie de développemen ») et tout autant pour les citoyens des pays dits industrialisés ou « riches » (un qualificatif subjectif compte tenu de l'endettement des États-Unis, du Japon et de l'Europe) se révèle être un échec total. Les hommes, lorsqu'ils sont correctement nourris et soignés, voient leur longévité augmenter dans des conditions, qui plus est – théoriquement – plus confortables. Mais les désordres de la mondialisation, exclusivement économique et financière, se font au bénéfice d'une minorité qui accapare des excédents phénoménaux. Or, grâce à une redistribution équitable des richesses, ce système devrait pouvoir profiter à tous, et ne laisser aucun être humain sur le bas-côté de la route du progrès. En parallèle à la mission du président de

Chapitre 2

la France – qui serait de réfléchir avec ses collègues du G20 à une profonde restructuration de l'organisation de la planète –, notre gouvernement devrait adopter les réformes exigées par cette nécessaire cohabitation de tous les peuples, dans un esprit de partage et de solidarité. Le temps de la langue de bois est désormais révolu : cette réalité doit s'imposer aux politiques, qui la pratiquent depuis des décennies, comme aux médias qui s'en font les relais complaisants en s'étonnant sans discontinuer des conséquences clairement néfastes de cette mondialisation désordonnée, mais sans se donner la peine d'en révéler les causes manifestes.

Les paradis fiscaux

Ils sont le refuge de l'argent sale généré par toutes les activités mafieuses, et pas seulement la drogue ou la prostitution, mais aussi, entre autres, les trafics d'armes qui s'opèrent avec la bénédiction de l'ONU et l'appui de la Banque mondiale... Il faut cependant reconnaître que la loi du secret n'est, heureusement, pas toujours observée par les médias concernant ce sujet brûlant. Ainsi la chaîne Arte a-t-elle récemment diffusé un reportage faisant état de la totale implication de tous les pays membres de l'ONU (plus de 100) dans le sordide marchandage « pétrole contre nourriture » en Irak. On a pu apprendre, par exemple, que des centaines de politiques de tous bords avaient profité – en toute impunité – de ces échanges scandaleux effectués au détriment de la population irakienne. Mais, après tout, il n'y a là rien de grave : le monde n'a que faire de ces malheureux !

L'Europe

Qui n'a pas rêvé d'une Europe permettant à notre pays de mieux faire entendre sa voix dans le concert international ? C'était oublier que cette communauté s'est créée en réunissant des nations qui n'avaient pas grand-chose à mettre en commun : chacune a sa langue (une telle diversité d'idiomes – et de cultures – est plus difficile à gérer que les singularités des 50 États regroupés sous la banière des USA) ; chacune revendique sa propre politique étrangère ; chacune s'en tient à ses lois sociales et fiscales… Bref, l'Europe était-elle, finalement, autre chose qu'une structure de plus dans le délire français, une structure qui plus est coûteuse en contributions variées, même si notre pays est amené à récupérer une partie de sa participation au titre de la politique agricole commune – la « PAC », aussi opaque que son sigle le laisse à penser ? L'Europe, en supprimant les frontières intracommunautaires, a permis l'arrivée, sur le territoire de ses différents États membres, d'étrangers en quête d'un monde meilleur, fuyant le sort misérable qui leur était réservé dans leur contrée d'origine. Des trafiquants ont su tirer profit de cette aubaine pour se transformer en « passeurs » et organiser un système lucratif de transfert des clandestins depuis l'Afrique ou d'autres pays de l'Est. Les nombreux morts qui font régulièrement les frais de ces combines sordides sont aisément passés par pertes et profits (officiellement, ils n'existent pas). Quant aux survivants, qui parviennent à bon port, ils sont soit condamnés à l'exploitation (qu'elle soit le fait de mafieux ou d'entreprises et de propriétaires qui prennent en charge ces pauvres gens), soit happés par un système d'intégration kafkaïen que la méconnaissance de la langue de leur nouveau pays d'accueil ne fait qu'aggraver. À tous ces déracinés, notre belle Europe, frappée par un chômage en progression constante, a peu à offrir. En tout cas pas ce rêve de vie heureuse que la majorité de ces transplantés ont pu caresser.

L'Europe ne sait que nous imposer le jeu de la concurrence internationale. C'est ce jeu « légal » (insuffisamment dénoncé par les médias comme ne pouvant se jouer qu'avec l'aval de cette même Europe) qui permet à la Chine, comme à l'Inde, de faire travailler ses ouvriers – dont des enfants de 10 ans – pendant de longues journées et pour des salaires de misère, sans aucune couverture sociale. Écœurant ! Un économiste de renom avait pourtant suggéré des règles simples d'ouverture à un marché mondial équilibré, des règles qui auraient été susceptibles d'évoluer en fonction du développement et du niveau de vie des

Chapitre 2

pays concernés. Imaginons que tous les joueurs de tennis aient la possibilité de s'inscrire à un tournoi de Roland Garros, sans sélection préalable... ce serait la fin des compétitions sérieuses : chacun trouverait cela, on peut l'espérer, totalement absurde ! Mais on peut penser que ce nouveau règlement ne conviendrait guère à de puissantes sociétés comme Total, LVMH, Carrefour ou d'autres grands de l'automobile et de l'aéronautique, qui perdraient ainsi la faculté de s'approvisionner en main-d'œuvre ou en produits de sous-traitance à des prix plus que bas. Or, sans ces conditions particulières, comment ces entreprises pourraient-elles accroître leurs bénéfices ? Ce que les Français veulent ignorer – et que les médias négligent de leur faire considérer – c'est que les grands groupes n'hésitent pas à transférer leur savoir-faire vers ces pays émergents au risque, à terme, de transformer notre Europe, encore privilégiée, en un espace vide. Vide d'usines ! On dit que les Britanniques n'ont plus sur leur sol d'unités de production : compte tenu de l'état des banques et des compagnies d'assurances qui constituaient le secteur dominant de l'économie du Royaume-Uni, nos voisins insulaires, déjà frappés par la régression sociale, n'ont-ils pas de nouveaux soucis à se faire[1] ? Pour nous, Français, l'ère des usines est-elle aussi bientôt révolue ? Dans les années 80, j'avais pour ma part émis l'hypothèse qu'au vu des éléments en présence, les entreprises de production auraient probablement déserté l'Hexagone avant la fin du XXe siècle. Mon raisonnement s'appuyait sur un ensemble de constats incluant la gabegie des pouvoirs publics, le niveau devenu exorbitant des impôts et des charges sociales, la réduction inepte de la durée légale du travail cumulée à l'allongement du temps des études – lesquelles et pourquoi ? – et de l'espérance de vie... Je dois à la vérité de reconnaître que je me suis trompé, puisqu'en 2011 il reste encore quelques industries dans notre pays. Mais pour combien de temps ? Et à qui appartiennent-elles ? La beauté de nos plages, la richesse de nos musées et l'attrait de nos sites montagneux – autrement dit, notre formidable potentiel touristique – pourront-ils compenser la perte magistrale d'emplois que les mesures prises, ces dernières années, n'ont fait que renforcer, jusqu'à donner à ce désolant phénomène l'ampleur d'un tsunami économique ? Non, bien sûr ! Comment donc espérer remédier à ce déficit de postes ? En recourant à la solution classique du recrutement des fonctionnaires de police et autres agents de sécurité, afin que leur présence « rassure » les Français. Parce qu'il est hors de question de reconnaître que leur mission véritable est d'enrayer les désordres de toutes natures, forcément inavouables, dont souffre notre pays ! Un autre gisement d'emplois pourrait se trouver au sein des entreprises positionnées sur le créneau porteur des nouvelles technologies de communication (téléphonie, Internet, Smartphones, iPAD, iPOD et tutti quanti). Mais il faudrait pour cela que ces acteurs économiques consentent à exercer leur activité sur le territoire français, ce qui n'est pas acquis. Chacun sait que la délocalisation des centres d'appel est déjà une réalité !

Un petit détail sur les conséquences indirectes de notre adhésion à l'Europe et son prolongement, l'adoption de l'euro à 6,57 francs. Tout Français de bonne foi reconnaît que le franc de 2001 est aujourd'hui fréquemment assimilé, peu ou prou dans les esprits, à l'euro de 2011. Soyons concrets : nos concitoyens ne sourcillent plus trop en payant un euro une baguette qu'en d'autres temps ils ont achetée un franc. Sauf que cette même baguette vaut désormais presque 7 fois plus que son homologue de 2001. En l'espace de dix ans, notre croustillante « parisienne » est devenue somptueuse brioche ! Quand nos instituts, confortés par les associations de consommateurs et l'apathie des politiques, nous font croire à une inflation de seulement 1 à 2 % l'an, force est de constater qu'on nous a bernés. Les commerçants de tous les secteurs ont largement profité de ces « écarts de change » en misant sur le laxisme de nos concitoyens qui s'obstinent à vouloir se comporter comme si la crise n'existait pas. Les politiques (ministres, députés et sénateurs) offrent un bel exemple de ce chimérique espoir, mais à leur décharge, ils ont tellement augmenté leur rémunération et préservé leurs multiples avantages qu'ils sont aujourd'hui totalement déconnectés de la réalité. Le chef de l'État ne s'est pas oublié, en faisant voter par l'Assemblée, en 2007, un amendement au projet de budget 2008 prévoyant de porter le salaire présidentiel de 7 700 à 19 000 euros bruts mensuels. « Un traitement exclusif de toutes pensions, retraites et primes », fut-il précisé. Il est vrai qu'« être chef de l'État, c'est une responsabilité considérable [et qu'il est] même tout à fait normal que, dans ce contexte, le président de la République ait une rémunération qui soit comparable à celle des chefs de gouvernement et des chefs d'État des pays européens » nous a-t-on expliqué. De fait, notre président travaille beaucoup. Mais n'est-ce pas aussi le cas de tous les Français ? Et puis, dans la mesure où il a été élu démocratiquement, il lui revient d'assumer les conséquences de la charge qu'il a briguée. Par contre, les ministres et autres secrétaires d'État actuels ne servant plus à rien, ne pourrait-on imaginer de les supprimer jusqu'à leur remplacement par une équipe plus responsable ?

L'Europe ayant atteint un point critique, la seule issue consiste à sortir du système au plus vite, de façon à ce que les États recommencent à remplir leurs missions, en première ligne. Se défausser sur l'échelon supérieur constitue un acte de lâcheté indigne. Cette stratégie d'indépendance retrouvée n'empêcherait pas la France – qui reste l'un des dix pays les plus prestigieux de la planète, à défaut d'être parmi les plus riches, comme les États-Unis étaient supposés l'être – de revendiquer plus de justice dans le monde.

Les Bourses

La Bourse est censée traduire la situation économique des entreprises : or, les krachs à répétition qui surviennent depuis un quart de siècle auraient dû attirer l'attention des institutions sur les dérives du système. Au lieu de quoi, cela fait plus de vingt ans que des mathématiciens chevronnés s'appliquent à élaborer, à la demande des dirigeants d'établissements bancaires ou boursiers, des « produits financiers » d'une complexité croissante. Une complexité qui n'est qu'un leurre, destiné à tromper les non-initiés – et souvent même certains supposés experts ! – au profit des auteurs de ces mécanismes pernicieux. J'ai croisé le chemin de quelques-uns de ces dirigeants qui me traitaient d'ignorant tandis que je tentais de leur faire comprendre l'irrationalité

Si j'étais président.

de leur raisonnement. Après m'avoir menacé – au vu de mon obstination à les contredire – de me remplacer par un commissaire aux comptes à l'échine plus souple, j'ai pu obtenir, à l'époque, en refusant de céder à leurs manœuvres d'intimidation, non seulement l'exclusion du directeur d'un établissement bancaire, mais également la fermeture d'un autre établissement qui s'était fait une spécialité de ce genre de dérive. D'autres organismes, mieux informés et plus prudents, ont alors renoncé à jouer à ces jeux dangereux dans lesquels aucune banque sérieuse ne devrait se compromettre. L'anecdote remonte à une vingtaine d'années, mais depuis, les produits financiers se sont perfectionnés et propagés à toute la planète à tel point que la seule notion de « hedge funds », pour le dire simplement (la langue française n'ayant pas encore pris acte de toutes ces concepts !), est devenue inintelligible pour les médias et, partant, pour nos concitoyens. La concentration du pouvoir financier à l'échelle internationale, entre les mains de quelques privilégiés, permet ainsi à la Bourse de jouer au yo-yo – sans que ces fluctuations aient le moindre rapport avec la valeur réelle des sociétés – faisant perdre de l'argent à tous ceux qui ont placé leurs économies dans ces entreprises. Pourtant, le principe de tels investissements est tout à fait naturel et légitime. Les bénéficiaires de ces manipulations des cours boursiers sont – bien entendu – ceux qui spéculent de toutes les façons possibles, y compris en vendant des actions qu'ils n'ont pas encore achetées ou en échangeant des produits « inexplicables ». Inexplicables, mais assortis d'un effet de levier très lucratif pour les plus chanceux – et redoutable pour tous les autres ! Le meilleur exemple en date en est donné par l'affaire Jérôme Kerviel (janvier 2008), du nom de ce trader qui a fait perdre 5 milliards d'euros à la Société Générale ! Mais plutôt que de clouer au pilori le seul acteur principal de la pièce, ne doit-on pas surtout s'interroger sur les procédures de contrôle, censément rigoureuses, mises en place dans les banques depuis plus de vingt-cinq ans ? Ne devrait-on pas vérifier qui étaient les responsables internes de l'établissement, ceux-là mêmes qui ont permis de transgresser, semble-t-il si facilement, ces règles ? Que penser également de ces audits externes qu'on appelle en France les commissaires aux comptes, qui n'ont rien vu

Chapitre 2

de ces anomalies ? Les juges, s'ils sont d'aventure sollicités dans ce type de dossier, ne manquent jamais d'épingler un ou deux coupables « désignés d'office », pour les condamner à des peines sans rapport avec les dégâts constatés. Parions en l'occurrence sur quelques mois de prison avec sursis !

L'affaire Bernard Madoff, qui a éclaté à moins d'un an d'intervalle (décembre 2008), est encore plus rocambolesque : l'escroquerie perpétrée par ce conseiller en investissement à Wall Street, ex-patron du Nasdaq de New York (la prestigieuse Bourse des valeurs technologiques) représente près de dix fois la perte subie par Jérôme Kerviel, soit environ cinquante milliards de dollars ! Inventeur diabolique d'une « pyramide financière frauduleuse », ce self-made-man – ancien maître nageur à Long Island – décrit comme mondain et jovial, a réussi à abuser la communauté financière new-yorkaise malgré toutes les procédures d'encadrement et de contrôle existantes. Les banques qui créent des fonds de placement auxquels leurs clients souscrivent, en confiance, ont l'obligation de vérifier la qualité desdits placements sous l'égide de commissaires aux comptes. Or, dans cette affaire, on constate que M. Madoff n'a pas mis en place de « fonds commun de placement » et que les banques les plus réputées de la planète ont accepté – pour le compte de leurs mandants (des particuliers fortunés, des institutions...) qui ignoraient tout de ce dispositif absurde – de confier des capitaux importants aux structures opaques créées et gérées par M. Madoff. Le principal attrait de ce système : une promesse de performances mirobolantes, sur la base desquelles il a réussi à attirer de plus en plus d'investisseurs. Reste-t-il aujourd'hui une banque digne de ce nom sur cette terre pour se laisser prendre à des combines aussi grotesques ?

Le phénomène de concentration mondiale touche également les cabinets d'audit internationaux : il y a vingt ans *Le Point* dénonçait déjà les « *Big Six* » (les six établissements les plus importants) qui s'étaient fait épingler par la justice : tous avaient eu à déplorer, au moins, un énorme sinistre (la certification de comptes faux) qui avait généré pour

Si j'étais président.

eux une amende supérieure à un milliard de francs de l'époque ! Ces incidents montraient déjà les dangers d'une situation devenue inextricable, caractérisée par la domination de quelques groupes complexes sur des réseaux de sociétés interdépendantes s'étendant sur tous les continents. Impossible pour quiconque de s'y retrouver, ce qui se voulait bien l'objectif ! Les cabinets d'audit, bien que disposant de bureaux dans tous les pays du globe, sont humainement inaptes à décrypter les mécanismes de ces organismes tentaculaires, à recouper les informations et surtout à en faire une synthèse judicieuse. Par ailleurs, étant eux-mêmes en but à une concurrence acharnée de la part de leurs confrères, ils se voient souvent contraints, pour « gagner des parts de marché » ou tout simplement pour conserver un client important, forcés d'accepter de « renégocier » leurs honoraires. Des prestations effectuées à des prix bradés, des consultants surchargés tenus de « faire du chiffre »… Comment, dans de telles conditions, ces cabinets peuvent-ils consacrer à leur mission de vérification et de certification le temps et l'attention au détail que supposent les comptes d'entreprises de plus en plus complexes ? Souvenons-nous de la faillite, en 2001, du groupe Arthur Andersen (un des cinq cabinets d'audit mondiaux) à la suite, notamment, de l'affaire Enron (société texane du secteur de l'énergie) considérée comme le plus grand scandale financier de la fin du XXe siècle. Fondée en 1985, cette société était devenue, en termes de capitalisation boursière, la 7e entreprise américaine. Encensée par la presse et les analystes comme « nouveau modèle d'entreprise », elle a vu sa valeur boursière croître (jusqu'à 90 % en un an) jusqu'à ce que l'annonce de sa faillite, en décembre 2001, fasse l'effet d'une bombe. Fraude, complot, fausse déclaration, délit d'initié… le chapelet des chefs d'accusation sur lesquels la justice américaine a eu à statuer en instruisant les dossiers des responsables de l'entreprise comme de ses principaux partenaires est hallucinant. Les magistrats n'ont, toutefois, pas prononcé de condamnation à la hauteur de l'énormité des défaillances constatées et, du fait de leur « mansuétude » ont permis que se poursuive la ronde de l'apparence et de la compromission. Des péchés capitaux que la concentration des entreprises à l'échelle mondiale ne fait que servir.

Chapitre 2

Tout est donc à revoir, l'urgence étant d'interdire les produits de type « hedge funds » et les manipulations boursières de cet acabit qui sont le terrain de chasse privilégié des escrocs. Mais ni Barack Obama ni aucun responsable européen n'ont pris une telle décision ! Jacques Attali avait pourtant bien interpellé à ce propos le président français ! Les dirigeants politiques internationaux ont beau être parfaitement au courant de ces procédés, ils n'en continuent pas moins, défiant le simple bon sens, à accepter de renflouer les banques à l'origine des désordres mondiaux, au seul prétexte que « si on ne le faisait pas, c'est toute l'économie mondiale qui basculerait ». Or, c'est bien l'inverse qui est en train de se produire. Dans l'espoir de rétablir leur santé chancelante, des banques ont renoué avec la pratique des taux d'intérêt à 20 %. Depuis une dizaine d'années déjà, elles ne se gênent plus pour mettre à la charge de leurs clients les communications téléphoniques[2], afin d'économiser leurs frais de secrétariat. Et vous, Français, vous ne protestez même pas ! De leur côté, les compagnies d'assurances augmentent leurs primes nettement au-delà du taux de l'inflation et, comme elles s'entendent entre elles sous le manteau, elles réduisent le principe de la concurrence au statut de belle illusion.

La démocratie

Parlons de démocratie : les systèmes électoraux actuels ne sont pas sérieux ; il est vrai que les « politiques » ne sont pas plus crédibles ! Comment s'étonner, dès lors, que les Français, dégoûtés par les discours de propagande qui leur sont tenus, et rendus méfiants par les résultats d'une gestion irresponsable du pays subie depuis plus de trente ans, réagissent en boudant massivement les urnes ? A-t-on oublié si vite les 30 % d'abstention du référendum de 2005 sur le traité établissant une Constitution pour l'Europe ? Et le message de rejet signifié par les quelque 55 % des participants qui ont répondu « Non » à une Europe devenue pour eux symbole de déception et pire, de crainte ? N'a-t-on pas vu, ces derniers temps, les politiques de droite et de gauche s'entendre pour « faire front » contre le Front

Si j'étais président.

national et s'assurer que ce parti ne dispose d'aucun élu à l'Assemblée ? Quand on sait que les « fameux sondages » évoqués précédemment donnaient, il y a peu, Marine Le Pen en position de jouer la finale à la présidentielle de 2012, on mesure la grave responsabilité que partagent tous les politiques qui dénient à une part importante des Français le droit de s'impliquer dans la gestion de notre pays. Il serait opportun que les médias apprennent à apprécier les résultats des élections autrement qu'à l'aune des votes exprimés ! Quand les grands partis recueillent 15 % des suffrages, alors que 44 % seulement de la population a accepté ces règles de vote dépassées, il serait plus convenable de dire que lesdits suffrages ne reflètent l'avis que de 6,6 % des Français : un détail ! Marie-Noëlle Lienemann – ancienne ministre – a reconnu elle-même que « les têtes politiques » passent plus de temps à participer à des « émissions people » qu'à réfléchir à la vie quotidienne de leurs concitoyens ! Si j'étais président, je veillerais à ce que le droit des Français à une information juste soit respecté !

Le Parlement

Flash-back, en septembre 2006 : la « flibusterie parlementaire » (expression empruntée à un journaliste du *Figaro*) s'illustre de façon historique à l'occasion de l'examen de la fusion Suez-GDF. Ce ne sont rien moins de 137 000 amendements qui ont été déposés par des élus irresponsables, à seule fin de différer l'application de la mesure voulue par la majorité parlementaire et le gouvernement. Bel exemple d'obstruction stupide ! Rappelons-nous aussi les débuts de l'actuel mandat présidentiel, quand le chef de l'État prenait les décisions que les deux chambres n'avaient ensuite qu'à entériner : était-il utile, dans ce cas, de conserver plus de 900 postes de députés et de sénateurs ? Et si oui, à quels dossiers complexes auraient-ils du (et doivent-ils aujourd'hui encore) consacrer leur énergie ? Les questions d'immigration ou de croyances religieuses ? Le développement ou la suppression des radars ? Le détail du programme scolaire dans les écoles de la République, en lien avec les incidents de la vie quotidienne ? Les Français n'aimeraient-ils pas, plutôt, les entendre discuter de problèmes de fond : comment remettre la France au travail ? Qu'appelle-t-on une rémunération correcte et équitable, à tous les échelons de la société ? Quels moyens concrets imaginer pour que nos compétences nationales ne soient pas exportées et que le marché français ne soit pas inondé de produits « made in ailleurs », fabriqués à des conditions échappant aux lois d'une juste concurrence ?

Un mot des fameuses commissions parlementaires, avec l'exemple malheureux de l'affaire d'Outreau : nos élus sont-ils vraiment aptes à débattre de sujets aussi complexes, surtout lorsque leur démarche n'entraîne pour eux aucune conséquence personnelle ? Les critiques que ces députés bien-pensants ont exprimées à l'encontre du « petit juge » ont donné le change aux médias, laissant croire aux Français que ce magistrat avait ainsi été « puni » comme il le méritait : un scandaleux jeu de dupes, dont les véritables victimes ont fait les frais !

Les lois et autres textes

Depuis des décennies, les présidents de la République successifs invitent ministres, députés et sénateurs à simplifier non seulement les formalités, mais aussi les textes législatifs et règlementaires. Or, force est de constater que la tendance, en ce domaine, est à l'inflation la plus grotesque, au point que rares sont ceux qui y comprennent quelque chose. Et pourtant, la maxime affirmant que « nul n'est censé ignorer la loi » continue de prévaloir... Que le premier qui prétend LA connaître (hormis les experts, et encore, tant les spécialités juridiques sont diverses) lève la main ! Je me ferai, pour ma part, un plaisir de rembourser le prix (au demeurant modeste) de cet ouvrage à toute personne qui sera capable de résumer, en une page accessible au commun des mortels, l'article 39 du code général des impôts qui comporte 50 feuillets. Christine Boutin – ancienne ministre – le reconnaît elle-même : « Les textes s'accumulent, et plus personne n'y comprend rien[3] ! »

Si j'étais président.

Si l'on peut admettre qu'il existe un code civil, un code du commerce, un code pénal, et pourquoi pas un code de l'urbanisme, est-il nécessaire d'en concocter plus de 66 (en ne comptant que pour « un » ceux de même nature – voir le site legifrance.gouv.fr), de l'action sociale à la voie routière, dont un code forestier applicable à la seule île de Mayotte, devenue en 2011 le 101ᵉ département français ? Il est vrai que cette « Île de la mort » (son nom d'origine est « *Jazirat al Mawet* », *mawet* signifiant mort en arabe) située dans l'archipel des Comores, regroupe sur 376 km² plus de 186 000 habitants, dont 95 % de musulmans. À titre de comparaison, la Creuse en affiche moins de 124 000 pour 5 565 km² ! Passons ! Les Mahorais pratiquant la polygamie (une coutume qui a cependant été abolie pour les nouvelles générations), ils mériteraient certainement, pour l'heure, une réglementation et des codes spécifiques. Cela aurait, au moins, l'avantage d'occuper la totalité de la population de Mayotte en la « fonctionnarisant », de façon à assurer le suivi législatif de l'île (25 % de chômeurs, au dernier recensement connu).

L'objectif doit donc d'être de réformer véritablement la loi en la simplifiant, de telle sorte que les acteurs économiques, sociaux ou étatiques soient responsables de leurs actes de manière lisible et compréhensible par tous. C'est une condition nécessaire pour que la justice puisse pleinement jouer son rôle « d'interprète de la sagesse », chargée de rendre des jugements équitables et non tarifés (en matière pénale principalement), comme c'est actuellement et malheureusement le cas.

La justice, les juges, les tribunaux et autres experts…

En décembre 2010 s'ouvrait à Paris le procès pour crimes, tortures et actes de barbarie commis par 14 anciens responsables de la dictature chilienne : aucun des prévenus n'était présent ni même représenté[4] ! Récemment, Rachida Dati, interviewée sur France 2, déclarait que si des juges renvoyaient des personnes en correctionnelle, c'est qu'ils avaient des preuves à charge et, donc, qu'il y avait des coupables

Chapitre 2

parmi eux... Comment, en entendant cette réflexion, ne pas penser à l'affaire d'Outreau et à la cohorte des accusés que le juge Burgaud avait en ligne de mire ; comment ne pas évoquer aussi la commission parlementaire qui a enquêté sur ces faits dont ont pâti de si nombreuses familles ? Celle-ci n'a, en dépit des effets d'annonce accompagnant sa création, rien fait d'autre que du théâtre. Aucune réelle sanction n'a, au bout du compte, été prise contre les responsables des dysfonctionnements ! On peut toujours se consoler en apprenant que le Dr Dieter Krombach va comparaître devant la cour d'assises de Paris pour le meurtre, en 1982, de sa belle-fille Kalinka Bambersky, âgée de 14 ans. Si les tribunaux allemands avaient classé l'affaire en 1987, les magistrats français avaient quant à eux, en 1995, condamné le cardiologue (par contumace) à quinze ans de réclusion criminelle. Refusant que « l'assassin » de sa fille finisse sereinement ses jours outre-Rhin, le père de Kalinka s'était obstiné à traquer le médecin jusqu'à organiser son enlèvement pour le livrer, un beau jour de décembre 2009, littéralement pieds et poings liés à la justice française. Cette « livraison » déclenchant d'office un nouveau procès ! Trente ans après les faits, et malgré les accusations portées par d'autres victimes[5], le Dr Krombach est présumé innocent. Trente ans, n'est-ce pas un peu long pour que passe la justice ? En avril 2011, on apprenait que les juges venaient d'octroyer 3 500 € à une femme victime d'un cancer des poumons causé par « le tabac passif » auquel elle avait été exposée. Et si c'était arrivé à Johnny, notre vedette nationale ? Lui aurait-on accordé 10 centimes de dommages-intérêts ? Un trentenaire récidiviste a été incarcéré l'an dernier pour avoir volé le goûter des enfants dans une école lorientaise : le tribunal correctionnel l'a condamné à un an de prison ferme, et un mandat de dépôt a aussitôt été prononcé contre lui[6]. C'est tellement plus simple de juger des actes aussi mineurs commis par de « petites gens », plutôt que de s'investir dans des dossiers plus conséquents, qui risquent d'être médiatisés.

Qu'en conclure ? L'évidence ! L'avalanche des textes et l'insuffisance flagrante des moyens compliquent le travail des magistrats et les enferment dans des cadres inadaptés ; le refus du gouvernement d'autoriser la mise en place de groupements de défense collective des particuliers interdit à nos concitoyens toute possibilité d'action face aux abus des grandes sociétés, et ce, dans tous les secteurs, qu'il s'agisse de la santé (l'affaire du Médiator en est le dernier exemple en date), ou de domaines touchant à la vie quotidienne. Citons, pêle-mêle : les contentieux résultant des exagérations des fournisseurs de téléphonie ou de liaison Internet, l'indélicatesse de certains commerçants (ainsi la faillite de la Camif, en 2008), les contrats piégés de certaines compagnies bancaires ou d'assurances, etc.

Il faut ajouter à ce triste état des lieux que ces juges ne sont pas toujours correctement formés ; leurs décisions courantes sont destinées à sanctionner le plaignant en ne le dédommageant pas de ses frais de procédure ; le recours à des experts, parfois nommés en dehors de leur domaine de connaissance, quand ils ne sont pas tout bonnement incompétents dans l'absolu, entraîne des arrêts de justice erronées, alors que les conclusions de ces supposés spécialistes sont contestées ou contestables[7]. Il importe donc réhabiliter le rôle des juges, tant au civil qu'au pénal, de façon à ce que les fauteurs de troubles soient punis à un niveau qui dissuade quiconque de les imiter : cela suffirait déjà largement à réduire le nombre de malfaiteurs en puissance !

Pour clore ce chapitre, ne craignons pas d'aller jusqu'au bout de l'absurdité : ne vient-on d'apprendre qu'un plaignant devrait désormais payer pour avoir la possibilité d'ester en justice, tout cela au motif qu'il aurait à financer sur ses propres deniers les frais supplémentaires d'assistance des avocats aux personnes mises en garde à vue. Où est-on rendu ?

Le commerce et l'e-commerce

L'ensemble des acteurs économiques a tendance, depuis la fin du siècle dernier, à tenter de se prémunir contre les risques inhérents à la profession qu'ils exercent. Sont concernés les compagnies aériennes au même titre que les banques et les assurances, les sociétés de crédit, les cliniques et les hôpitaux... Les transactions commerciales – qu'il s'agisse de marchandises ou de services (comme la téléphonie) – et les prestations traitées par Internet n'échappent pas à la règle, pas plus que les collectivités locales. Les textes figurant en annexe aux contrats s'imposent aux particuliers qui achètent un bien ou souscrivent à un abonnement ou une réservation : mais il est impossible aux clients, en raison de la longueur et de l'hermétisme de ces documents, de les lire *in extenso* et d'en comprendre toutes les subtilités. Ce sont pourtant ces lignes écrites dans un corps ridiculement petit qui vont faire office de couperets dès que les difficultés surgiront. Comment se résoudre à subir des clauses léonines, alors que celles-ci, par principe, n'ont d'autre objet que d'exonérer les fournisseurs de leurs responsabilités ? En ce domaine aussi, il convient de légiférer pour imposer à ces professionnels des règles simples correspondant à leurs obligations premières : conseiller leurs clients, offrir et livrer des produits ou des services de qualité avec des garanties « justes ». Il serait tout à fait envisageable d'exiger, en règle générale, des conventions de vente qui tiennent en une seule page, écrite en caractère « lisible » (en taille 12 par exemple) de telle sorte qu'aucune limitation fallacieuse ne puisse y figurer : quel gain de temps pour tout le monde, sans parler des économies de papier ! Autre avantage, au bénéfice des consommateurs, la possibilité de se grouper plus facilement – parce que sur la base de textes plus clairs et uniformes – pour exercer une action en réparation à l'encontre de prestataires peu sourcilleux. Cela obligerait ces derniers à des comportements nettement plus responsables.

Ajoutons que si les délais standards de garantie relatifs à certains matériels (équipements domestiques, téléphones, iPad, etc.) étaient sensiblement augmentés, leurs constructeurs s'efforceraient d'améliorer d'autant la qualité de leur fabrication. Plus durables, ils encombreraient moins les circuits de recyclage, sans parler de nos décharges. Car, militer pour l'allongement du cycle de vie des produits, c'est aussi promouvoir une autre économie de consommation et appeler chacun à plus de responsabilités vis-à-vis de notre planète !

Si j'étais président.

L'administration et les services publics

Nos responsables politiques se plaignent, depuis un demi-siècle, de la surabondance des textes législatifs qui les rendent inapplicables. Dont acte ! Pourtant, que font-ils ? Dès qu'ils sont en position de pouvoir, ils s'activent pour en produire des dizaines d'autres chaque jour, si bien qu'ils réussissent à occuper ainsi un nombre important de fonctionnaires dont le seul rôle est d'assurer le laborieux accouchement de ces rejetons et de les intégrer au dispositif existant. Mais où se trouve, dans cette monstrueuse débauche d'énergie, le simple intérêt général ?

La France a connu l'époque des PTT, celle de la radio puis de la télévision publique, celle aussi de la SNCF... Aujourd'hui, au nom de l'ouverture nécessaire à la concurrence de tous les services, les grands financiers internationaux – qui imposent leur vision du monde à nos dirigeants politiques – ont étendu le principe de cette prétendue compétition (ce qui semble logique) à l'univers des médias. Rares sont désormais ceux qui remettent en cause ces règles édictées au profit d'une poignée de conglomérats dominant les principaux secteurs de l'activité économique.

Ce système a entraîné des gabegies de toutes natures, à commencer par ces réseaux de téléphonie (en liaison avec Internet) qui se vendent à coups de millions (voire de milliards) d'euros, sans que le consommateur final y trouve son compte : combien de Français se sont-ils laissé prendre aux formules alléchantes de certains opérateurs type Alice, Free et autres Bouygues, pour le regretter au bout de quelques semaines[8] ? La hausse récente de la TVA sur la téléphonie et sur Internet, qui devrait rapporter plus de un milliard d'euros à l'État, va se faire au prix de jolies migraines pour les abonnés ! Qui parvient à se retrouver dans la multitude des contrats imaginés par ces sociétés sous le fallacieux prétexte d'offrir à leurs clients toujours plus de souplesse ?

La Poste a beau nous promettre d'être « toujours plus proche de nous », elle ne réussit plus aujourd'hui à distribuer le courrier avec l'efficacité qui était la sienne hier : il y a 40 ans, les lettres arrivaient à bon port au jour J+1. Mais cela, c'était avant. Avant que les outils modernes de tri ne favorisent les retards, ou les pertes ! En 2011, le délai garanti pour qu'un recommandé se retrouve entre les mains de son destinataire est d'au moins une semaine pour peu que vous réclamiez, en prime, la possibilité d'être informé du sort réservé à votre pli !

Jamais l'offre audiovisuelle n'a été aussi importante, en termes de nombre de chaînes de radios et de télévision. Pourtant, ce fantastique développement quantitatif ne s'est accompagné d'aucun progrès significatif sur le plan de la qualité des programmes, qui brillent par leur médiocrité. Les Américains sont les seuls à tirer économiquement leur épingle du jeu, en vendant aux opérateurs du monde entier des milliers d'heures de films et de séries sans intérêt, mais dont les coûts sont désormais dûment amortis. Exemple pris au hasard : le 31 mars 2011, France 3, France 4, M 6 et NTI abreuvaient le public de productions garanties 100 % américaines ! Ajoutons qu'il en était (presque) de même pour Orange et ses « cinés sur option », qui mettaient à l'affiche ce soir-là trois menus « made in USA » sur cinq... Les spectateurs du matin n'ont pas droit à un traitement de faveur. Pour eux, c'est régime « téléshopping ou dessins animés », à croire que les petits ne vont pas à l'école, et que les seniors qui ne sont pas encore retombés en enfance ne rêvent que de s'équiper de gadgets en tous genres.

Si l'on considère l'évolution économique et sociale de notre pays, ne serait-il pas temps :
- de restaurer des « services publics » dignes de ce nom et du 3e millénaire, qu'il s'agisse aussi bien de poste que de transport (train, RER et bus) ;
- de constituer un bouquet de chaînes de radio et de télévision « sans publicité », assurant un vrai service d'information, de culture et de divertissement (les programmes privés, très encadrés, pouvant continuer d'être financés par la publicité) ;
- de nationaliser les énergies : électricité, gaz, eau, distribution de

pétrole... de telle sorte que les énormes profits (prétendument nécessaires à la recherche et au développement des compagnies) servent l'intérêt des usagers. Il est curieux de noter qu'aujourd'hui certaines de ces sociétés (Total, par exemple) ne paient même pas l'impôt sur les bénéfices ;

- d'instaurer un nouveau système de sécurité sociale et d'allocations familiales intégrant également, pour l'essentiel, les caisses de chômage et de retraite par répartition, de telle sorte qu'on puisse supprimer de nombreux organismes de toutes natures qui ne font que générer des distorsions entre les citoyens et obérer, par les charges qu'ils induisent, la capacité économique des entreprises ;

- de mettre en place un grand établissement français dédié à la « mise à disposition » de la monnaie : ne voit-on pas tous ces distributeurs automatiques, qui coûtent fort cher, envahir les quartiers, engendrant des rémunérations de services interbancaires inutiles ;

- de fonder une compagnie d'assurance nationale couvrant, sous la forme de contrats standards, les principaux besoins des particuliers et laissant aux sociétés privées les polices spécifiques.

Les collectivités

Au siècle dernier, la France connaissait une division en départements, cantons et communes. Par la suite, les choses ont évolué : d'abord avec la naissance des régions, ensuite avec la création des groupements de communes sous toutes leurs formes. L'Europe a représenté dans cet ensemble, un échelon supplémentaire supranational, sans que soit remis en question les strates inférieures – à l'exclusion toutefois de la réforme annoncée pour l'année 2014, qui devrait instituer un nouveau pôle « départements-région » supposé « simplifier et alléger l'architecture territoriale » (sic). Les communautés de communes, d'agglomération ou urbaines (pour ne parler ici que des formules les plus récentes), relevaient quant à elles d'une bonne intention : associer les collectivités dans un « espace de solidarité » pour y développer un « projet commun » en développant un certain nombre de « compétences »... Trois idées clés : regrouper des forces et des moyens, atteindre une taille suffisante pour pouvoir mieux gérer un territoire, offrir un meilleur service aux usagers – *a priori* à un coût rendu acceptable par les économies d'échelle escomptées – et, partant, repenser le pouvoir local ! Voilà pour la théorie ! Dans la pratique, il en va bien autrement : que constate-t-on dans les intercommunalités significatives ? Celles-ci occupent de vastes bureaux, alourdissent le fonctionnement des collectivités membres en multipliant les réunions et les commissions consacrées à de faux problèmes générés par une règlementation tatillonne qui se complexifie à loisir. Et se perdent dans d'interminables querelles de pouvoir et autres luttes d'influence...

Si l'on admet que la France ne compte pas même 1 000 communes de plus de 10 000 habitants (le chiffre avoisine les 950) sur un total de plus de 36 700 communes ; que la gestion d'une ville est devenue d'une telle complexité que les petites entités sont désormais difficilement « gérables » faute de disposer des moyens techniques et des compétences humaines adéquates, que penser de la situation des 35 700 villes et villages dont la population est bien inférieure à ce seuil critique ? Et que dire des départements ? Entre communes et régions, qui sait à quoi ils servent ? Les Français, quant à eux, l'ignorent le plus souvent : à preuve, le taux d'abstention record affiché lors des élections cantonales ! Inutile d'ailleurs pour nos concitoyens de se donner la peine de combler cette lacune : nos conseillers généraux n'ont plus que quelques années à vivre... En 2014, ils s'apparieront avec leurs homologues de la Région pour donner naissance à une nouvelle espèce d'élu, le conseiller territorial. Une affaire à suivre !

Si l'on admet aussi que la plupart des projets d'investissements des communes (école, crèche, gymnase...) ne peuvent être réalisés qu'en faisant appel à de substantielles subventions (État, Région, Département, Europe) et que chaque financeur exige la présentation de multiples dossiers et études, on imagine sans mal le nombre de réunions techniques et politiques qu'un maire doit conduire avant d'espérer poser la première pierre de son équipement. Que de temps et d'énergie perdus !

Si j'étais président.

Les Français sont habitués, pourtant, à ce qu'on leur explique l'importance de la strate communale et le rôle essentiel des élus des petites collectivités. Que ces maires et leurs adjoints soient dévoués, que leur mission s'assimile parfois même à du sacerdoce, nul ne le conteste. Mais il est tout aussi évident que, malgré leur bonne volonté, ces élus – des hommes de terrain pour beaucoup – sont souvent dépassés. Faute de maîtriser les arcanes de la vie administrative de ce XXIe siècle balbutiant (leur commune n'ayant pas les moyens de recruter le personnel idoine), ils sont condamnés, de gré ou de force, à la coopération intercommunale. Ce problème n'est pas sans solution : au même titre que les Français tiennent à voir figurer le numéro de leur département de résidence sur la plaque d'immatriculation de leur voiture, on pourrait conserver la mention des « lieux-dits » et autres charmants noms de villages sous la forme de belles pancartes, plantées à l'entrée de leur ville de regroupement. C'est une question de bon sens. Les élus de toutes ces communes trouveraient facilement le moyen de continuer à fournir à leurs concitoyens les services qu'ils assuraient jusqu'alors (généralement déjà bénévolement), tandis que l'intégration de leur collectivité dans une ensemble plus vaste leur apporterait, en contrepartie, une vision plus vaste et plus juste de leur bassin de vie.

Que d'économies et quelles belles performances on pourrait espérer de telles simplifications, à condition de renoncer à « l'esprit de clocher » !

Par ailleurs, au lieu de raisonner en termes « d'impôts et de taxes » pour financer tous les services de base, ne devrait-on pas privilégier la notion de « prestations aux entreprises et aux particuliers » ? Il est important que chaque Français ait une bonne connaissance du coût réel des activités développées par l'ensemble des organismes d'État et des collectivités territoriales. Car pour être « gratuits pour l'usager qui en bénéficie », ces services n'en pèsent pas moins lourdement sur le budget des organisations qui les dispensent. Des allégements pourraient être accordés aux personnes en difficulté, à condition toutefois de ne jamais en arriver à une exemption totale : c'est l'une des conditions de la reconnaissance de la dignité individuelle. Reste que le préalable à l'instauration d'un tel système est, logiquement, la possibilité donnée à chacun de nos concitoyens de travailler pour se procurer les ressources dont il a besoin.

Budgets, impôts et sécurité

Les recettes de l'État français se montent à 254 milliards d'euros, et ses dépenses à 366 milliards ! Quelle entreprise, quel ménage pourraient dilapider sans sourciller près de 50 % de plus que ce qu'ils gagnent ?

La dette financière de l'État s'élevait, fin 2010, à 1 255 milliards d'euros, en augmentation de 79 milliards. Une « poignée de milliards », qualifiée par le gouvernement de « hausse de l'endettement contenue », mais qui n'en représente pas moins un saut de 6,7 % par rapport à 2009 ! Quel ménage, voyant le niveau de sa retraite ou de sa rémunération évoluer modestement (entre + 1 et + 2 %) se permettrait de lâcher la bride à ses dépenses ? Sauf à choisir de solliciter son banquier, ainsi que le fait notre gouvernement, avec les résultats que l'on connaît. Pourtant, l'exemple des États-Unis – qui viennent d'être sévèrement punis de leur inconséquence (la dette publique américaine a été privée le 6 août 2011, pour la première fois de son histoire, de sa note d'excellence AAA) – devrait donner à réfléchir. Il serait utile de vérifier si une partie des taxes sur le tabac, l'alcool, les activités polluantes ou les primes d'assurances auto, sans oublier la TVA destinée à la Sécurité sociale, n'aurait pas été « égarée », de telle sorte qu'il apparaît un déficit là où l'équilibre, voire l'excédent, s'impose.

Impôts, solidarité et services rendus

On a vu que les services rendus par les collectivités devaient, logiquement, être facturés à leur plus juste prix.

Si j'étais président.

L'impôt sur le revenu, lui, est un moyen de faire participer les Français aux charges de l'État, en tenant compte de leur capacité contributive. Il est de ce fait normal que l'impôt soit appliqué de façon très progressive, en fonction de la disparité des ressources de nos concitoyens. Par contre, beaucoup de foyers bénéficient d'une exonération totale, ce qui n'est pas socialement acceptable : dédouanées d'un minimum de participation, ces personnes n'ont plus le sentiment d'être des membres à part entière de la collectivité, parce qu'elles se trouvent exclues de la responsabilité financière partagée que cette appartenance suppose. Ainsi, à Denain, ville du Nord, deux ménages sur trois ne paient pas d'impôts sur le revenu !

Les droits de succession constituent également une solution pour assurer la redistribution des richesses. Est-il juste que certains naissent avec des milliards d'euros dans leur berceau (la fameuse cuillère en argent – ou en or – du nourrisson !), quand d'autres doivent assumer dès leurs premiers pas les dettes de leurs parents ? Sans vouloir tomber dans la démagogie, il semble logique de chercher à rééquilibrer, à l'occasion de la transmission d'un patrimoine – dans un esprit de solidarité nationale –, les privilèges que les destins particuliers ont autorisés.

Quand on apprend que Mme Liliane Bettencourt (la femme la plus fortunée de France) pourrait profiter, selon *Le Canard Enchaîné*, de l'installation de la réforme de la fiscalité en cours, et ce, pendant un an ou deux, voyant ainsi « sa ponction fiscale divisée par quatre pour passer de 40 millions, en 2010, à 10 millions en 2011 », on se dit que quelque chose ne va plus dans notre République. Cette baisse fiscale représenterait un taux d'imposition d'environ 4 % de ses revenus, soit un coefficient équivalent à celui appliqué à un contribuable percevant un salaire de 1 300 € net par mois !

Pour les riches dirigeants d'entreprises pesant des milliards d'euros, il existe des solutions simples pour ne pas être assujettis à l'ISF ; et pour la compagnie Total, prétendument française, il y a aussi des moyens d'être totalement exonérée d'impôts en France. Eva Joly, candidate des Verts à la présidentielle de 2012, nous a révélé récemment cette incongruité ! Le gouvernement a, décidément, bien du pain sur la planche pour mettre un peu d'ordre dans ce… « bourbier » !

Nos très chers fonctionnaires

Ah, les fonctionnaires : obscurs objets de tous nos désirs et de toutes nos rancœurs ! Ces « ronds de cuir » que leur statut de « privilégiés » met à l'abri des misères du peuple ! Cette image d'Épinal a bon dos : chassons-la et n'y revenons plus. Il n'en reste pas moins que cette dénomination surannée appelle le renouveau.

Supprimons ce terme, substituons-lui-en un autre mieux fondé, correspondant à la notion actuelle de « service public » : un fonctionnaire est un employé de l'État (ou d'une collectivité), qui doit assurer un service public en étant rétribué, pour cette mission, dans des conditions comparables et équitables avec ce qu'il percevrait s'il était dans le privé. Cette rémunération doit représenter des contreparties, en termes d'objectifs d'amélioration dudit service ; des objectifs qu'il appartient à sa direction de fixer. Cette personne ne doit plus être embauchée « à vie » avec la garantie de voir sa rémunération augmenter « à l'ancienneté », plus vite que l'inflation et indépendamment de ses performances individuelles. Elle doit être responsabilisée sur tous les plans, y compris celui de sa formation professionnelle continue, de façon à pouvoir rester opérationnelle dans sa mission, au regard des spécificités de son « métier » et du monde qui l'entoure.

Personne n'ose évoquer les limites du droit de grève, notamment en ce qui concerne son application à la fonction publique. Et pourtant, il y aurait lieu de fixer sur ce sujet un certain nombre de règles : des règles pour éviter toute confusion entre de légitimes revendications et des combats d'arrière-garde, qui ne visent qu'à préserver des privilèges d'un autre temps. La fonction publique, en France, n'assume plus aujourd'hui son rôle : prenons l'exemple des transports, de l'enseignement et de maints autres secteurs d'activité. Est-il normal que les conventions qui les concernent fassent référence à des maladies autorisées « sans délai de carence et sans perte de revenu » ? Et que dire du « droit de retrait », applicable aux problèmes de sécurité « graves et imminents » ? Ne peut-on trouver des issues plus intelligentes à ce type de situation que la faculté laissée à l'agent qui l'invoque de cesser d'exercer sa mission ?

Comme toute entreprise sérieuse, l'État (et les collectivités) doit garantir à son personnel son « employabilité », c'est-à-dire sa capacité d'actualiser ses compétences pour rester en phase avec le marché du travail. À défaut de pouvoir maintenir ses salariés dans un poste semblable (quelles qu'en soient les raisons, évolutions technologiques ou problèmes de santé), il doit leur offrir des solutions de reconversion. Ne nous a-t-on pas affirmé, moult fois, que chaque citoyen exercera plusieurs métiers tout au long de sa vie professionnelle ? Quant aux conditions de travail et de retraite des « fonctionnaires » et assimilés, il est tout aussi évident qu'elles doivent être comparables à celles des autres secteurs du privé.

Il serait utile, enfin, de réfléchir à la nomination de véritables « patrons » des services publics (enseignement, santé, etc.), de telle sorte que les ministres qui « passent » (bien trop rapidement parfois) ne puissent pas, par l'introduction de mesures inadaptées, prises « à chaud » pour des raisons purement politiques, bouleverser un système doté par ailleurs d'une certaine cohérence. Exemple de ces décisions de circonstance : fixer précisément, on ne sait trop pourquoi, le nombre d'heures de langue étrangère inscrit au programme de telle ou telle classes. Il suffirait à ces « comètes gouvernementales » de définir les grands objectifs de leur administration, de contrôler leur efficacité et de veiller à ce que leurs dépenses restent contenues et comparables à celles des structures correspondantes de nos pays voisins.

Chapitre 2

Sécurité publique et police – Associations humanitaires

La délinquance résulte en grande partie du mal-être de notre société, mal-être qui touche de nombreuses catégories de personnes : immigrés que l'on n'a pas su accueillir et former, et auxquels on ne donne aucun travail ; Français de souche que l'on écarte d'une vie sociale décente... La politique d'assistanat (le RSA par exemple) conduite en faveur des « exclus » est-elle autre chose qu'une pirouette destinée à nous dégager à bon compte de la responsabilité de fond qu'il nous revient pourtant d'assumer ? Il est logique qu'il s'ensuive toutes sortes de dérapages : vols de cuivre, le long des rails de chemin de fer ou sur les toitures des églises, casse et dégradations gratuites des équipements publics, attaque de bijouteries, sans oublier les vols à la tire perpétrés au risque de blesser gravement des passants et de dissuader les touristes étrangers de nous rendre visite.

Face à ces prévisibles retours de bâtons, la société tente de « s'hyperprotéger », par tous les moyens : en sus des traditionnels policiers et gendarmes du siècle dernier, sont venus s'ajouter maints professionnels et dispositifs d'un nouveau genre : vigiles recrutés par les magasins, policiers municipaux dont la présence n'a d'autre vocation que de rassurer la population, caméras et systèmes de protection et de « vidéotranquillité » (le terme de surveillance, trop inquisitorial, étant prohibé), etc. Tout cela pour constater, *in fine*, que la délinquance ne fait que croître, dans la mesure où les problèmes de fond qui la suscitent ne sont pas résolus. Les statistiques généreusement publiées ne font état que des faits « admis » (et codifiés) par les services du ministère de l'Intérieur, lesquels ignorent superbement tous les incidents que nos concitoyens ne prennent même pas la peine de déclarer, sachant pertinemment qu'aucune suite ne sera donnée à leur plainte. Et même si cela était, les Français ont trop conscience que, dans la plupart des cas, la probabilité que les responsables des actes de violence dont ils ont été victimes soient identifiés et poursuivis est presque nulle. Ils le seraient que ces malfrats se révéleraient certainement insolvables... Et c'est ainsi que se dissout la confiance d'une nation dans sa propre

Si j'étais président.

police ! En ce domaine, de nombreuses réformes s'imposent : il s'agit de s'attaquer en profondeur aux causes du mal, de telle sorte les auteurs de tous les troubles à l'ordre public soit appréhendés et punis.

Les associations caritatives, du type Restos du cœur, Secours populaire ou catholique, Croix-Rouge, etc. tentent de compenser comme elles le peuvent la misère des plus pauvres. Mais est-il admissible que les Restos du cœur, chers à Coluche, soient condamnés à amplifier chaque année davantage leur action pour pallier l'échec patent de la politique gouvernementale ?

Demain, si l'on accepte de revenir aux « fondamentaux » qui devraient être ceux de toute société civilisée, il faudra redonner aux services de police les moyens de faire respecter une loi juste dans son principe. Fini les « missions de figuration » dont se contentent trop souvent les forces de sécurité que l'on voit assister, impassibles, aux délits perpétrés sur la voie publique par des trublions de tout acabit. Rappelons-nous mai 68 et ces jeunes que les unités d'intervention, souvent interdites d'action, laissaient se défouler sans s'interposer.

Ces scènes n'appartiennent pas seulement à l'Histoire : elles se sont reproduites lors de manifestations récentes dont je fus le témoin. Inutile d'en rejeter la faute sur nos policiers, qui ne font qu'obéir aux ordres. C'est en les responsabilisant et en leur donnant les moyens d'accomplir leur mission que ces professionnels pourront faire respecter la loi, sans craindre qu'en outre il leur soit intenté un procès pour de possibles « bavures ». Une expression à ne pas prendre au sens où les médias l'emploient, dénonçant complaisamment sous ce vocable des incidents mineurs sélectionnés pour alimenter leur rubrique des « faits divers ». Comment opèrent les shérifs aux États-Unis ? Pour en avoir rencontré quelques-uns, je puis affirmer qu'ils ne badinent pas avec la loi et son application !

Chapitre 2

Service civique et travaux d'intérêt général

Drame humain et « cancer économique » (pour citer Christophe Barbier, directeur de la rédaction de l'Express), le chômage est surement l'une des causes profondes et majeures du mal-être de notre société. Ses effets pernicieux sont multiples, au plan individuel, familial et social : perte de l'estime de soi, sentiment d'indignité, paupérisation, entourage à la dérive, enfants abandonnés à eux-mêmes, rendus amers par la situation d'exclusion de leurs parents ; une exclusion qu'ils subissent par contrecoup… Cette situation (qui touche plus de 4 millions de Français !) est intolérable et doit être corrigée. Mais indépendamment des politiques qui pourront être mises en place dans cette optique, et sans attendre une hypothétique embellie du paysage économique, il importe d'imaginer des moyens de faire participer tous les citoyens à la vie sociale. Par exemple, la création d'un service civique obligatoire, tant pour les garçons que pour les filles, afin qu'ils puissent, par leur engagement au service de la collectivité, prendre conscience du rôle que celle-ci joue en faveur de chacun. Dans le même ordre d'idée, certaines condamnations ou situations de chômage pourraient être transformées en travaux d'intérêt général. Les prisons verraient peut-être diminuer leurs effectifs, et les chômeurs n'auraient ainsi pas le sentiment d'être totalement assistés. Un moyen aussi, pour certains d'entre eux, de ne plus se complaire dans un état dégradant.

Le travers des petits avantages particuliers

Disons-le clairement, même si cela risque de ne pas plaire à beaucoup : la France reste un pays où la qualité de vie est l'une des meilleures du monde. Son système social va bien au-delà de la protection élémentaire que la puissance publique est supposée garantir à chacun d'entre nous. Elle va bien au-delà de ce qu'elle serait si nous vivions dans un environnement « normal », où le travail serait convenablement réparti entre tous en fonction de la capacité de chacun à l'accomplir. Ce scénario relève bien évidemment de l'utopie, mais il n'empêche

Si j'étais président.

que l'on peut valablement s'étonner en découvrant les projets annoncés de nouvelles délocalisations. Ils sont la contrepartie logique d'un système mondial mal conçu, une conséquence inéluctable si rien n'est fait pour rééquilibrer les choses. Combien de Français jouissent de ces « petits avantages » auxquels ils s'accrochent jalousement au point d'éviter – croyant ainsi les préserver plus sûrement – de remettre en cause les abus mille fois supérieurs dont profite, à différents niveaux, une minorité de « riches »? Les exemples de ces petits privilèges sont légion.

Les fonctionnaires (environ 5 millions) bénéficient d'un système qui leur assure une augmentation régulière de revenus, tout en leur garantissant la sécurité d'emploi ! Selon Agnès Verdier-Molinié[9], le lobby des « administratifs » pousse notre pays vers un point de non-retour. J'ajouterais que nos élus, depuis les maires des petites collectivités jusqu'au chef de l'État, se laissent prendre au jeu de la surenchère depuis des décennies. Un moyen pour eux d'obtenir, en contrepartie, la franche collaboration de ces personnels ? C'est de bonne guerre, mais la pratique est malsaine, car elle s'effectue au détriment du contribuable, dont l'argent mériterait un autre usage. Sans oublier qu'elle concourt à alourdir la dette nationale ! Quant aux élus, en veine de générosité, ils n'omettent pas de s'octroyer, au passage, des hausses substantielles de rémunérations assorties de quelques avantages annexes. Que les fonctionnaires me pardonnent, je ne mène aucune croisade contre eux. Simplement, j'affirme qu'il est urgent de rechercher des solutions intelligentes permettant de concilier la juste croissance des revenus des agents de la fonction publique et le devoir de l'État de réduire son déficit. En leur temps, les socialistes ont choisi de « privatiser » certaines entreprises publiques, et une certaine « droite socialiste » a perpétué la méthode : il conviendra de rendre ces organismes à leur mission première, mais non sans leur imposer un mode de gestion comparable à celui des sociétés privées, avec des dirigeants dignes de ce nom et des objectifs raisonnables. Il ne peut être en effet question de faire subir aux employés ces pressions aberrantes qui ont conduit plus d'un malheureux à la dépression, et même au suicide, comme l'actualité récente l'a brutalement révélé. Reste que les coûts de revient des services publics devront être maîtrisés, de telle sorte qu'une concurrence sauvage et mondiale ne puisse pas venir perturber nos équilibres nationaux. Et tant pis pour les exigences démagogiques d'ouverture des marchés prônées par l'Europe !

Au pays des corporations, la communauté des dockers illustre parfaitement ces « petits avantages particuliers ». Les ouvriers des ports bénéficient, pour quelques heures de travail par semaine, d'un salaire trois plus élevé qu'un employé normal. Résultat : leur revenu, rapporté aux heures de production, est ainsi 9 à 10 fois supérieur à ce qu'il devrait représenter pour leur entreprise.

Les comités d'entreprise se retrouvent, de plus en plus souvent, aux prises avec des problèmes de gestion douteuse, quand ils ne sont pas épinglés pour avoir accordé à leurs salariés ou à certaines « instances » des avantages indus dans des conditions opaques. Rappel d'un événement récent : la démission du directeur général du comité d'entreprise d'EDF et de GDF, en mai 2011. Confronté à 90 millions d'euros de pertes, menacé d'un procès pour détournement de l'argent des œuvres sociales au profit de la CGT et du PCF, Jean-Pierre Crémona a préféré jeter l'éponge. La Cour des comptes, quant à elle, n'a pas mâché ses mots dans le rapport qu'elle a consacré à ladite organisation, réclamant de profonds changements et dénonçant la lourdeur, les frais élevés de structure et le manque de rigueur des procédures de gestion. Faut-il préciser que le CCAS d'EDF-GDF cumule près de 700 millions de recettes annuelles ?

Quid encore de l'argument qui permet au pouvoir d'exonérer partiellement les rémunérations des footballeurs, et surtout celles de nos élus, ainsi que les parachutes dorés des grands patrons des sociétés cotées ? Que penser également de toutes les dépenses de santé inutiles (et pas seulement l'absentéisme ou les remèdes de confort) qui chargent les budgets devenus largement déficitaires de notre caisse d'assurance maladie ?

Si j'étais président.

Autre sujet d'actualité : le temps de travail et la durée de cotisation permettant à un salarié de prétendre à une pension « convenable ». Les plus anciens se rappelleront qu'en 1950, il n'existait aucun système de cotisation pour les régimes de retraite, et qu'à l'époque où le principe avait été acté (applicable à tous ceux qui atteignaient les 65 ans) la durée de vie ne dépassait guère cet âge respectable. Résultat : ceux qui pouvaient bénéficier de ce « repos mérité » étaient moins nombreux que ceux qui versaient de l'argent dans l'espoir de rejoindre, un jour lointain, le rang des heureux élus. Aujourd'hui, la tendance est inversée : on entre dans le monde du travail de plus en plus tard (après des études à rallonge), et l'on en sort souvent bien trop tôt, par la faute d'un licenciement douloureux, alors que l'on est encore dans la force de l'âge. En 1975, on pouvait considérer que le versement d'une retraite se faisait pendant 4 ans pour un homme, et 10 ans pour une femme. En raisonnant sur la base de 45 années de cotisations, on pouvait ainsi, sans trop de problèmes, assurer le financement de ces prestations très temporaires. Il n'en est plus de même en 2011. La durée de vie moyenne des Français est désormais de 78 ans pour les hommes et de 85 ans pour les femmes. Les syndicats dits « représentatifs » des salariés (ils ne sont, en réalité, représentatifs de rien du tout) ont obtenu en 1981, de la part de gouvernants irresponsables, un superbe cadeau : une retraite à 60 ans, servie à l'issue de 37,5 années de versements. Or, à 60 ans, l'espérance de vie « recalculée » donne 22 ans pour un homme et 27 ans pour une femme, ce qui est tout bonnement considérable. Quelles cotisations faut-il donc appeler sur les « actifs » pour couvrir ces futures dépenses ? Et si le chômage continue de croître, où ira-t-on ?

Certes, la majorité présidentielle a tenté de conjurer cette fatalité en réformant timidement, en 2010, notre système de retraite : fixation progressive à 62 ans de l'âge légal du départ et augmentation du nombre de trimestres exigibles pour prétendre à une pension à taux plein. Mais cette disposition sera-t-elle suffisante pour équilibrer les comptes ? Regardons aussi la situation dans les pays émergents, dont les régimes sociaux n'ont rien à voir avec les nôtres, et efforçons-nous de raisonner sérieusement : veut-on continuer à travailler moins pour gagner plus, et perdre la totalité de nos emplois dits « productifs » en ne conservant que les emplois d'État ?

Saviez-vous que les URSSAF (Unions de recouvrement des cotisations de Sécurité sociale et d'Allocations familiales) ont été créées, officiellement en mai 1960, pour constituer désormais une caisse unique chargée de recueillir les versements obligatoires des entreprises ? Les bulletins de paie sont devenus tellement détaillés, et les régimes sociaux si nombreux, qu'une remise à plat de l'ensemble du dispositif s'impose. Trouvez-vous normal que les cotisations des infirmiers ne servent que partiellement aux pensions des retraités de cette branche, et qu'elles subissent une ponction destinée à alimenter les régimes de retraite des notaires et des avocats ? Honteux ! Si un régime simple et unifié était resté en place, on aurait pu veiller à une certaine équité entre tous ces systèmes spécifiques ; les fonctionnaires auraient une retraite calculée sur l'ensemble de leurs rémunérations, comme cela se passe dans le privé. Le regroupement des cotisations rendrait sans objet tous les organismes qui se font actuellement une concurrence déloyale, et interdirait à nos gouvernants de s'adonner au petit jeu complexe des transferts de fonds entre caisses de retraite, au gré des besoins et au mépris de toute justice.

Les « 35 heures » et les coûts salariaux du travail

Martine Aubry a entraîné la France dans une faillite prévisible en réduisant à 35 heures la durée légale hebdomadaire du temps de travail : cette décision purement politique était la preuve d'une méconnaissance grave des réalités mondiales, à commencer par celle de la Chine qui travaille pour 100 fois moins cher, sans craindre d'exploiter les enfants, et en faisant fi de la moindre notion de « couvertures sociales minimales ». Arrivée aux affaires, la droite a pérennisé la mesure, incapable de reconnaître qu'il fallait oser parler vrai aux Français, en les invitant à faire montre de courage. Au lieu de cela, les gouvernements qui se sont succédé depuis 2000 ont augmenté les rémunérations des fonctionnaires, alourdi la gestion nationale et fait le lit des délocalisations, phénomène parfaitement logique dès lors qu'on se révèle impuissant à maitriser les excès du capitalisme. En exonérant de cotisations sociales les heures supplémentaires, Nicolas Sarkozy et ses ministres ont permis à une catégorie de salariés d'améliorer ponctuellement leurs revenus, mais, en même temps, ils ont laissé s'accroître le chômage : ces précieuses « heures sup. » auraient dû conduire à la création de nouveaux emplois ! À moins que l'intention de cette fine équipe n'ait été de tordre le cou aux 35 heures, sans le dire ? Cet exemple offre ainsi la parfaite illustration d'une spécificité bien française : l'art de complexifier à loisir les situations impossibles et d'inciter les plus crédules à prendre des vessies pour des lanternes. Une nouvelle fois, on a voulu faire croire aux Français qu'en travaillant de moins en moins ils gagneraient plus, et qu'ils ne pâtiraient pas des délocalisations !

Le logement

Le pouvoir dominant des promoteurs et la compromission de certains politiques ont eu de bien graves conséquences en matière d'urbanisme. Citons :

- le manque de « sérieux » des plans d'occupation des sols, un défaut qui remonte à loin ! Ainsi Olivier Guichard, ancien ministre de l'Aménagement du territoire (1968-1969), n'a été capable que de « bétonner » la plus belle plage d'Europe, celle de La Baule, ville dont il fut le premier magistrat de 1971 à 1995 ;

- la politique du « n'importe quoi à n'importe quel prix » en matière de réalisation d'équipements publics, assortie de la pratique de marges éhontées au bénéfice des promoteurs – des marges très partiellement rétrocédées aux élus pour les aider à financer leurs campagnes électorales ;

- la délivrance de permis de construire pour des habitations situées dans des zones inondables, sans que nul ne s'inquiète des conséquences potentiellement dramatiques de cette pratique, ni les mairies concernées ni les préfectures chargées de vérifier la légalité des projets.

L'audiovisuel

Au nom d'une liberté d'expression sans limites, des légions de stations de radios et de chaînes de télévisions ont fleuri. Que nous apportent-elles ? D'évidence, un développement sans pareil des sources d'informations économiques, politiques, culturelles et sportives. Oui, mais, à condition : que les nouvelles captées ici et là ne se révèlent pas finalement toutes identiques ; que l'étendue de l'éventail audiovisuel ne se traduise pas, pour « remplir » les programmes, par l'acquisition facile de séries ou de films américains dont certains, qui affichent un âge considérable, ont déjà été maintes fois rediffusés ; que le financement de ces chaînes ne nécessite pas de faire appel à des publicités qui agressent les spectateurs ou les auditeurs, et dont on ne me fera pas croire qu'ils sont demandeurs. Il serait grand temps de simplifier ce marché, tout en laissant à chacun des opérateurs la possibilité de conduire sa propre politique d'information et de divertissement, dans le respect d'une pluralité d'expression...

La publicité, Internet... et la pollution visuelle

La publicité constitue une source grave de pollution visuelle. Aucun lieu n'échappe à sa présence envahissante : façades des entreprises et des magasins, panneaux (certains sauvages) plantés le long des routes, dans les prés ou sur les maisons... Quant à Internet, il est devenu le média publicitaire par excellence ! Le ministère de l'Écologie, qui a procédé à une enquête consacrée à l'affichage sur la voie publique, serait d'accord pour imposer une distance minimale de 80 mètres entre deux panneaux successifs (Information en date du 9 avril 2011) : de quoi intoxiquer et perturber plus encore les automobilistes !

Si j'étais président.

Les télés et les radios ne vivent que grâce aux ressources qu'elles tirent de la publicité. Ce n'est pas une raison suffisante pour autoriser toutes les sortes d'annonces : ainsi, il apparaît nécessaire de légiférer en ce domaine, pour se rapprocher, dans toute la mesure du possible des publicités informatives. Cette restriction se traduirait par une diminution du prix des produits concernés : chaussures, matériels sportifs, paquets de lessive qui lavent moins blanc que blanc, lunettes et autres articles de consommation courante… Laissons éventuellement toute latitude aux publicités vantant les mérites des objets de luxe que certaines catégories de personnes ont besoin d'acheter « plus cher que cher ».

Google, c'est pratique, mais est-il acceptable que l'on ne puisse surfer sans être agressé par des messages intempestifs qui s'incrustent sur notre écran et qui, eux aussi, participent de l'augmentation insidieuse du prix des biens et des services ? Il convient de donner beaucoup plus de moyens à la police « Internet » du ministère de l'Intérieur pour qu'elle traque les lanceurs de virus et autres chevaux de Troie, la corruption et les trafics en tous genres. *Persona non grata* également les concepteurs de « spams », ces messages indésirables que nos amis du Québec désignent sous le terme très évocateur de « polluriels » ou encore de « pourriels », des intitulés qui se passent de tout autre commentaire ! En l'occurrence, c'est le consommateur qui est la victime de ses pratiques, et il n'est pas normal que ce soit lui qui « fasse la police » !

La presse écrite et télévisée – les journalistes

Il y a 25 ans déjà, le directeur d'un journal économique, venu faire une conférence dans ma région, reconnaissait que les médias n'avaient désormais plus les moyens de contrôler la valeur des informations qui leur étaient communiquées directement par les entreprises : d'où tous les « dérapages » destinés à convaincre un partenaire ou à déstabiliser un adversaire, sans que le lecteur puisse espérer obtenir des données objectives et vérifiées. Le groupe Le Monde, a-t-on appris récemment,

Chapitre 2

a essuyé en 2010 une lourde perte de plus de 30 millions d'euros, « après restructuration » comme on le dit aujourd'hui. Ceci confirme cela.

Les journalistes de la télévision ne sont que des marionnettes chargées de transmettre l'information choisie par le pouvoir, le contrôle du dispositif s'effectuant, on peut l'imaginer, au plus haut niveau de l'État. On ne s'étonnera pas, dès lors, de tomber en zappant d'une chaîne à l'autre sur les mêmes informations – au demeurant sans véritable substance – reprises presqu'à l'identique par les différents présentateurs. Certains sujets font l'ouverture des JT plusieurs jours durant, pour passer ensuite aux oubliettes médiatiques : il y eut le 3e procès Colonna (procès qui, 13 ans après les faits, n'intéressait plus qu'une poignée de personnes) ; et puis l'affaire Josef Fritzl, cet Autrichien de 74 ans accusé d'avoir séquestré et violé sa fille pendant 24 ans, une histoire sordide dont aucun détail ne nous aura été épargné ; il y eut encore le tsunami DSK, qui n'en finit pas de nourrir les imaginations… Un événement chasse l'autre, et les non-informations se succèdent, emplissant l'espace audiovisuel de ce qu'en communication on appelle « du bruit » : ici, le petit pas de danse d'un ministre des Affaires étrangères réjoui de ce que les drames du Darfour et des réfugiés du Tchad se résolvent à l'avantage de ses amis (pour quelqu'un qui avait fait du devoir d'ingérence sa marque distinctive, avoir laissé mourir des centaines de milliers de Soudanais sans rien faire est proprement scandaleux) ; là, c'est la grossesse de Carla Bruni qui alimente les conversations de salon. Ailleurs, c'est… sans fin et sans intérêt !

Si les journalistes étaient guidés par les règles de l'éthique et de la morale, ils rempliraient leur mission d'information sans se tromper de cible. S'ils avaient reçu un minimum de formation économique, ils cesseraient de décliner la liste des entreprises qui ferment ou se délocalisent en oubliant de préciser que ces événements s'inscrivent dans une logique qui est celle du commerce international : un système mis en place par des affairistes de haut vol pour profiter de l'exploitation des pays du tiers monde au détriment des nations européennes, engluées dans un réseau de contraintes de tous ordres. S'ils avaient enfin un peu de bon sens, ces professionnels de l'information éviteraient aussi de malencontreux dérapages verbaux. Ainsi la réflexion surréaliste entendue sur une chaîne nationale dans le cadre d'un reportage consacré à la catastrophe qui a frappé le Japon, en mars 2011. Interrogeant son correspondant sur ce qui s'était « exactement » passé, le présentateur reçut la réponse suivante : « Oui, à l'heure actuelle, on décompte 47 morts, mais on a appris la destruction quasi totale d'une ville de plusieurs dizaines de milliers d'habitants ». Était-il judicieux d'annoncer ce ridicule chiffre officiel, manifestement sans lien avec l'ampleur du désastre ? N'aurait-il pas été préférable de donner des ordres de grandeur significatifs et réalistes ? Même constat avec la triste affaire Laetitia, qui a vu un journaliste invité à répondre à une question sottement posée : pouvez-vous déterminer « avec précision » les causes « exactes » du meurtre[10] ?

Amendes et accidents

Un dossier a occupé dernièrement très intensément notre gouvernement : la pose ou la dépose des panneaux annonçant la présence de radars, ces appareils destinés à diminuer l'hécatombe dont les routes de France sont le théâtre. Abaisser de quelques centaines le nombre de ces morts passe-t-il nécessairement par une réduction de la vitesse de 95 km/heure à 90 ? Ne peut-on chercher ailleurs les véritables causes de ces accidents, à savoir l'alcool, les drogues ou, tout simplement aussi, la fatigue ? À qui va-t-on faire croire que le « risque zéro » existe ? Les accidents domestiques faisant quatre fois plus de victimes que ceux de la route, je préconise en conséquence d'installer des « radars » dans tous les logements, ce qui ne devrait pas manquer de faire chuter cette statistique. Par ailleurs, ne pourrions-nous également nous interroger sur les morts dues au tabac et aux autres drogues, qui sont encore trois fois supérieures à celles résultant des accidents domestiques ? Sauf que le mot « accident », adapté aux premiers cas, ne convient absolument pas aux suivants ! Pourquoi ne décide-t-on d'aucune mesure forte pour empêcher ces décès ? Est-ce pour préserver l'emploi dans les manufactures de tabac ? Et si la Sécurité sociale refusait de prendre en charge les maladies liées à la consommation de ces produits ? À moins que l'on n'opte pour une solution encore plus contraignante : intégrer dans le prix de vente des cigares et cigarettes le coût des soins que leur usage ne manquera pas d'induire, à plus ou moins long terme. Ainsi, ceux qui se livrent à ces plaisirs sulfureux paieraient, par avance, les conséquences de leur choix.

Autre sujet, enfin : combien d'emplois sont créés et combien de moyens mis en œuvre, dans toutes les collectivités, pour verbaliser les automobilistes pour stationnement illicite ou léger dépassement de la vitesse autorisée ? Des infractions vénielles, au regard des dramatiques accidents de la route ! Ne pourrait-on, dans ce domaine aussi, imaginer d'autres méthodes plus intelligentes pour rappeler les fautifs au respect d'autrui, en réservant les sanctions – dûment dosées – aux « dérapages significatifs » ?

Les banques

Toi, Français, tu n'es pas très sérieux ! Tu t'es laissé tromper en souscrivant des prêts à taux variables, sans chercher à saisir toutes les explications – au demeurant peu claires – fournies par des conseillers bancaires qui peinaient eux-mêmes à comprendre les produits qu'ils vendaient. À la décharge de ces personnes, reconnaissons qu'il n'existe plus de solide formation bancaire, les BTS commerciaux leur ayant été substitués. Ces « professionnels », souvent incapables de calculer un « intérêt », sont pourtant tenus de commercialiser un maximum de « produits » : cartes de crédit, assurance, crédit révolving (un terme intraduisible en français !), et même forfaits de téléphone... Pourquoi pas aussi des voitures et des abonnements à des journaux ? Heureusement, ces pauvres employés ne se retrouvent pas, sans soutien, livrés en pâture à la juste curiosité de leurs clients : leur ordinateur, équipé d'un programme spécifique, leur indique toutes les réponses autorisées

Si j'étais président.

et les guide dans la jungle des contrats types inscrits au menu. Sauvés du risque d'être pris en flagrant délit d'incompétence, ces vendeurs n'auront même pas à compléter leurs formulaires ou à les adapter aux besoins particuliers de leurs interlocuteurs : tout est automatisé.

S'il est un sujet qui mérite notre indignation, pour ne pas dire notre colère, c'est la profusion de ces prêts de toute nature proposés, à grand renfort de publicité, à un taux d'intérêt de 0 % (plus ou moins) pendant 3 mois. Le consommateur attentif qui se donnera la peine de lire les lignes en caractères microscopiques figurant sur l'annonce se rendra vite compte qu'au-delà de ce premier trimestre, le taux grimpe à 21 % ! Êtes-vous assez candide pour accepter ces offres fallacieuses dans le seul but d'acquérir – sans en avoir les ressources – des gadgets d'une utilité relative : console informatique super puissante, téléphone dernier cri, jeux de Noël à usage unique, ou encore tous ces autres produits de marque que la publicité vous présente comme étant indispensables à votre statut social et à votre bonheur ? Leurs prix élevés sont-ils justifiés ? Je n'ai, pour ma part, bien que disposant de revenus convenables, pas les moyens de payer des intérêts à un taux supérieur de 3 points à celui de l'inflation. Si l'on en croit notre ministre des Finances – qui appuyait ses dires sur l'indice de l'INSEE, avec la complicité des prétendues associations de consommateurs –, le coût de la vie n'augmenterait que de 1 à 2 % environ (sic !). Comment la loi peut-elle ne pas sanctionner un taux d'intérêt « usuraire », puisqu'il dépasse de 4 % cette inflation ? Inutile, en l'occurrence, de promulguer un nouveau texte pour mettre un terme à ces pratiques : il suffit de fixer à 6 % le taux de l'usure et d'infliger, d'office, des pénalités dissuasives à tout organisme se risquant à appliquer des taux supérieurs. Et dans le même temps, il faut veiller à interdire l'ajout de frais forfaitaires qui auraient pour but de majorer – en toute impunité – ce taux autorisé.

Mais tout cela suppose une condition *sine qua non* : que les Français arrêtent de jouer les « enfants gâtés », en croyant que la crise ne concerne que les autres et que, dès demain, le soleil succèdera à la pluie. Illusions ! Penser que l'on peut continuer à vivre au-dessus de nos moyens et que le chômage nous épargnera est une attitude irresponsable. La plupart d'entre nous n'auront, à l'avenir, d'autre choix que d'accepter un emploi moins bien rémunéré que celui qu'ils avaient jusque-là. Et ceci, tant que notre jolie « planète bleue » tournera aussi mal. Nous n'en sommes pourtant qu'au tout début du scénario !

Grandes surfaces

Au-delà des discours d'un Michel Leclerc qui réalise sous son enseigne autant de profit que ses principaux concurrents, force est de constater que, depuis plus de 35 ans, les dérives du système ont de bien dommageables conséquences : d'abord, la suppression des petits commerces et la disparition des « métiers » dont les gérants de ces magasins étaient l'incarnation ; la disparition, aussi, de ces PMI, impuissantes à réduire le niveau de leurs prix de revient, en dépit des exigences formulées par des « acheteurs requins ». Résultat : ne demeurent que des groupes industriels qui tentent par tous les moyens de défendre leurs marques contre celles des distributeurs. Un combat perdu d'avance : les grandes surfaces continuent leur progression ! Le consommateur, ballotté entre des concepts qu'il ne maîtrise pas, est bien incapable de mesurer l'enjeu des batailles dont il est l'objet. Il se contente d'obéir aux dictats de son porte-monnaie, ce qui est pour lui une épreuve en soi ! Sait-il seulement ce que sont ces « marges arrière » dont glosent les spécialistes ? A-t-il conscience que tous les « pseudo services » et les divers avantages qui lui sont proposés n'ont qu'un but : le faire acheter toujours plus ? Et les astuces ne manquent pas pour lui faire perdre la raison : têtes de gondoles stratégiquement positionnées dans les grandes surfaces pour le séduire, « promos du jour » et autres « bons » de réduction, immédiate ou non, kyrielle de « points » acquis grâce aux cartes de fidélité... Je m'efforce, quant à moi, de prendre le temps de comparer le rapport « qualité/prix » des articles que je choisis. Mais je dois avouer qu'en dépit de mon passé d'expert-comptable, je trouve la tâche parfois ardue : 10 % au moins des produits exposés comportent des erreurs d'étiquetage ; des emballages, apparemment similaires, divergent par leur contenance effective... Bref, de quoi faire perdre la tête au plus futé des consommateurs, ce qui est bien l'objectif. Si l'on ajoute que les gains de productivité de la grande distribution se font grâce à l'embauche de salariés de moins en moins compétents, et moins bien rémunérés, on a un tableau d'ensemble à peu près cohérent !

Si le client final est le « dindon de la farce », le fournisseur n'est pas non plus épargné par ce système. Prenons l'exemple d'un kilo de viande bovine, mis en rayon par une enseigne nationale : la bête, sur pied, sera vendue 2,70 € le kilo ; l'abattoir en réclamera autant pour débiter l'animal (soit 2,70 €) ; l'entreprise agroalimentaire chargée de la découpe et du conditionnement facturera ses prestations à hauteur de 5,60 € ; quant au magasin, il prendra une marge de 3,50 €, nettement supérieure au prix perçu par le producteur. Ajoutons la TVA (5,5 % pour un produit de consommation courante), et nous voilà arrivés à un prix au détail de 15,30 €. Plus frappant encore est l'exemple du litre de lait, payé 32 centimes d'euro au producteur. Sa collecte et sa transformation coûtent 28 centimes, et la marge du distributeur ressort à 40 centimes. Grevé de la TVA, le litre de lait « de qualité standard » revient à 1,05 €.

Comment expliquer que la plupart d'entre nous n'aient aucune conscience de ces dérives ? Est-ce le résultat « normal » d'une évolution irrémédiable de notre société ? Le signe d'une mutation de notre échelle de valeurs ? Impossible à dire. Ce qui évident, c'est qu'il est urgent de réorganiser ce système qui pénalise non seulement les consommateurs, mais également les producteurs nationaux, éleveurs, agriculteurs et autres paysans qui s'échinent à longueur d'année pour des salaires de misère. Quelques pistes de réflexion : interdire les remises (sous toutes leurs formes), les marges arrière et les coûts opaques ; imposer des standards de présentation de façon à éviter les confusions qualitatives ou quantitatives, de telle sorte qu'un client n'ait plus qu'à comparer les étiquettes des produits, des étiquettes réellement informatives comportant des éléments utiles inscrits en caractères de taille suffisante...

Chapitre 2

Concluons...

Notre planète ne peut pas être dirigée par des politiques qui jouent avec les milliards d'euros ou de dollars, sans trop savoir le nombre de zéros que comportent les chiffres avec lesquels ils s'amusent ; elle peut encore moins être confiée à de pseudoélites prêtes à toutes les compromissions.

Si tel était le cas, nous, Français, aurions des soucis majeurs à nous faire, pour nous-mêmes et plus encore pour nos enfants et petits-enfants....

Si l'on estime possible, comme l'explique Joseph Stiglitz, prix Nobel d'économie, qu'une certaine forme de mondialisation ne soit pas incompatible avec les règles morales d'échange entre pays dits riches et pays dits en voie de développement, alors sans doute pouvons-nous rêver à un avenir meilleur.

Mais, car il y a un mais !

Il faudrait pour cela que nos élus se décident à parler vrai ; à engager une véritable politique de réduction des charges liées aux lourdeurs – héritées pour bonne part du passé – de notre système ; à le simplifier pour rendre à tous ceux qui sont en charge de « la chose publique » la pleine et entière responsabilité de leur mission. Il faut revoir, dans son ensemble, le système des impôts et des taxes, afin qu'un maximum de Français puisse y participer de manière équitable, de telle sorte que chacun ait conscience d'être un citoyen à part entière. Un citoyen responsable !

Les partis politiques représentent moins de 1 % des électeurs, soit peut-être 300 000 personnes sur un total de 44 millions. Il reste donc une large place pour la création d'un grand parti, ouvert à un changement radical. Un parti qui, dépassant les classiques clivages gauche-droite, devrait œuvrer à un monde et donc à une France plus juste, plus humaine, décidée à combattre les dictateurs, les criminels, la corruption, sans oublier tous ces aigrefins de la finance qui polluent notre univers. Un parti qui incarnerait une chance (la seule ?) de garantir l'avenir des générations futures.

Si cette seule proposition était entendue, j'en serais comblé.

Notes

Chapitre 1

RÉVEILLEZ-VOUS !

1 - Charte des Nations Unies (extraits)

Chapitre II - § 7 : *Aucune disposition de la présente Charte n'autorise les Nations Unies à intervenir dans des affaires qui relèvent essentiellement de la compétence nationale d'un État ni n'oblige les Membres à soumettre des affaires de ce genre à une procédure de règlement aux termes de la présente Charte ; toutefois, ce principe ne porte en rien atteinte à l'application des mesures de coercition prévues au Chapitre VII.*

Chapitre VII : *Action en cas de menace contre la paix, de rupture de la paix et d'acte d'agression*

Article 39 : *Le Conseil de sécurité constate l'existence d'une menace contre la paix, d'une rupture de la paix ou d'un acte d'agression et fait des recommandations ou décide quelles mesures seront prises conformément aux Articles 41 et 42 pour maintenir ou rétablir la paix et la sécurité internationales.*

Article 41 : *Le Conseil de sécurité peut décider quelles mesures n'impliquant pas l'emploi de la force armée doivent être prises pour donner effet à ses décisions, et peut inviter les Membres des Nations Unies à appliquer ces mesures.[...]*

Article 42 : *Si le Conseil de sécurité estime que les mesures prévues à l'Article 41 seraient inadéquates ou qu'elles se sont révélées telles, il peut*

Notes

entreprendre, au moyen de forces aériennes, navales ou terrestres, toute action qu'il juge nécessaire au maintien ou au rétablissement de la paix et de la sécurité internationales. Cette action peut comprendre des démonstrations, des mesures de blocus et d'autres opérations exécutées par des forces aériennes, navales ou terrestres de Membres des Nations Unies. »

On constate par ces articles toutes les barrières que s'impose l'ONU avant de ne procéder qu'à « des démonstrations », qui sont autant de témoignages de tolérance et d'impuissance à l'égard des dictateurs, d'autant que nombre de pays au sein de l'ONU, font obstacle à la montée en puissance des « avertissements ».

2 – Un revenu inférieur à celui du meilleur footballeur du monde, Lionel Messi. Ce dernier aurait touché, selon France Football, 31 millions d'euros en 2010, soit plus de 2,5 millions par mois. Ajoutons que les joueurs du FC Barcelone auraient perçu, chacun, environ 750 000 € de primes de match en Ligue des champions, soit 8 000 € par minute de jeu, en plus de leur salaire mensuel habituel.

3 – Clin d'œil à Coluche, qui cherchait à comprendre comment on peut laver plus blanc que blanc.

4 – L'Express, 20 avril 2011.

5 – Un risque devenu réalité : le 5 aout 2011, l'agence d'évaluation financière Standard and Poor's a abaissé la note attribuée à la dette publique des États-Unis, privés de leur note AAA pour la première fois de leur histoire. Motif invoqué : les « risques politiques » face aux enjeux du déficit budgétaire. Cette décision a entraîné un krach boursier, et surtout une prise de conscience des fautes de gestion commises par les pays d'Europe et d'Amérique du Nord depuis les années 70 ; la mésentente entre les partis américains, d'une part, et l'absence de pilote dans l'avion de « l'union européenne » d'autre part, laissent augurer de sombres perspectives.

6 – L'Express, *27 juillet 2011.*

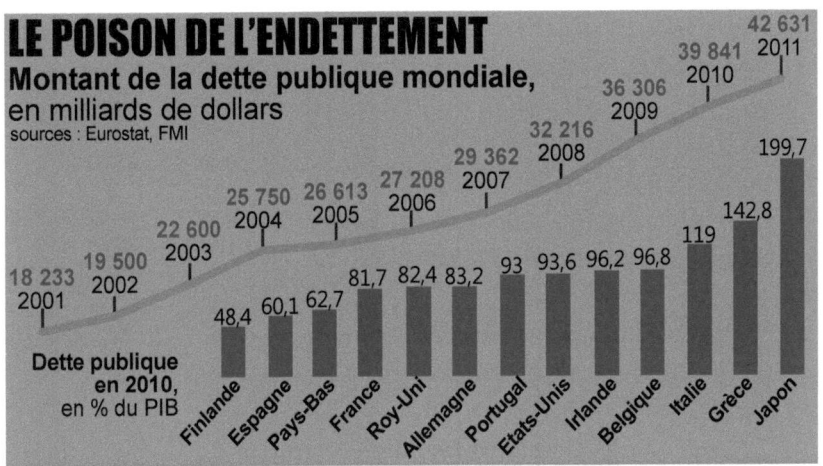

7 – *Sont membres du G8 : l'Allemagne, le Canada, les États-Unis, la France, l'Italie, le Japon, le Royaume-Uni et la Russie. Le G 20 est plus élargi, mais certains absents sont à noter : l'ensemble des pays d'Afrique (à l'exception de l'Afrique du Sud), l'Amérique centrale et du sud (sauf le Brésil et l'Argentine), l'Indonésie ainsi que divers pays du Moyen-Orient.*

8 – *Interview d'Arnaud Montebourg du 4 mai 2011, par J.J. Bourdin sur BFM TV : la Commission européenne a indiqué que les pays membres de l'Union européenne ont donné, sous forme de disponibilités, de prêts ou d'autres subventions, 4 589 milliards d'euros en trois ans. Espérons que M. Montebourg se trompe de zéros ! En effet, si l'on compare cette somme astronomique au budget des dépenses 2010 de l'État français (322 milliards d'euros) et à celui de l'Europe (126 milliards), on doit se demander s'il ne faudrait pas interner un certain nombre de nos dirigeants internationaux, qui jouent avec de tels chiffres sans probablement mesurer l'ampleur de ces « enveloppes ». Ils les gèrent avec assurément plus de légèreté que le citoyen français tenu de calculer, chaque mois, en millier (au singulier) d'euros.*

9 – *G8 et G20 sont considérés comme de simples « clubs » connus pour se réunir régulièrement au prix de dépenses importantes, mais sans pour autant*

Notes

parvenir à produire une quelconque décision. L'intérêt pratique de leurs éventuelles résolutions serait d'ailleurs tout à fait relatif, puisqu'il n'existe aucune institution en mesure de les faire respecter. À défaut, ces réunions au sommet ne méritent d'autre nom que celui de « balades touristiques ».

10 – Croquis d'archive, Google.

11 – Rachel Nugent, économiste au Center for Global Dévelopment de Washington, New York Times, 20 mai 2011.

12: « *Planète à vendre* », *émission diffusée par ARTE 7, le 19 avril 2011, réalisée par Alexis Marant et produite par l'agence Capa.*

13 – Hervé Kempf, Comment les riches détruisent la planète, *éditions du Seuil, Paris, 2007.*

Chapitre 2

SI J'ÉTAIS PRÉSIDENT

1 - Les événements du 6 aout 2011 montrent la lassitude des Londoniens, même si ces manifestations ne ressemblent pas encore à notre mai 68.
2- Les appels des sociétés commerciales passent de plus en plus souvent par des lignes surtaxées.

3 – L'Express, *mars 2011.*

4 – 20 minutes, *9 décembre 2010.*

5 – L'Express, *23 mars 2011.*

6 – Ouest-France, *7 juin 2010.*

7 - Citons le cas d'une présidente de chambre de cour d'appel qui commit une sorte de forfaiture en refusant sciemment d'examiner, en audience, un document simple qui prouvait les erreurs grossières commises par un expert incompétent, erreurs qui rendaient nulles ses propres conclusions : cette magistrate avait, par avance, conclu aux torts d'une des parties et elle n'acceptait pas la contradiction. Bien entendu, elle « omit » de relater ce refus dans les attendus de son jugement !

8 – Le nombre de plaintes déposées par les consommateurs au cours des années 2003-2004 se comptait en centaines de milliers, la palme revenant à Alice !

9 – Directrice de la Fondation IFRAP, qui a publié Les Fonctionnaires contre l'État. Le grand sabotage.

10 – France 2, journal télévisé du 11 avril 2011 présenté par Nathanaël de Rincquesen.